저잣거리 말풍선

저잣거리 말풍선

발행일   2025년 10월 24일

지은이   신명균
펴낸이   손형국
펴낸곳   (주)북랩

출판등록   2004. 12. 1(제2012-000051호)
주소   서울특별시 금천구 가산디지털 1로 168, 우림라이온스밸리 B동 B111호, B113~115호
홈페이지   www.book.co.kr
전화번호   (02)2026-5777   팩스   (02)3159-9637

ISBN   979-11-7224-923-6 03190(종이책)   979-11-7224-924-3 05190(전자책)

작가 연락처 문의 ▸ ask.book.co.kr
전용 게시판에 문의를 남기시면 저자에게 직접 전달됩니다.

(주)북랩 성공출판의 파트너
북랩 홈페이지와 SNS에서 다양한 출판 솔루션을 만나 보세요!
홈페이지 book.co.kr   • **블로그** blog.naver.com/essaybook   • **출판문의** text@book.co.kr
카톡채널 북랩

저잣거리
말풍선

신명균
지음

북랩

길 위에서 들려온 첫 소리

저잣거리는 단순한 시장이 아니다. 그곳은 인간이 모이고, 웃고, 울고, 희망하고, 배신하며, 다시 구원받는 무대다.

나는 광대의 눈으로 저잣거리를 지켜보았다. 북소리와 함께 터져 나오는 웃음, 장부 위에 흘린 눈물, 권위와 민중의 대립, 전쟁의 파도와 평화의 고요… 그 모든 것들이 허공에 말풍선처럼 떠올랐다.

이 책은 내 아내의 재활치료원으로 가는 시장터에서 보고, 듣고, 느꼈던 것들의 그 말풍선들을 모아 한 권의 이야기로 엮은 것이다. 아내가 툭툭 털고 어서 일어나 함께 이 저잣거리에서 느끼는 삶의 색깔들을 함께 칠해 보고 싶다. 사라지는 듯 보이지만 사라지지 않는 소리들, 그것이 우리의 역사이며 철학이라는 것을 재잘거리며 함께 걷고 싶다. 삶의 길은 바로 내가 걷는 길 위에 있으니까.

지은이

시장의 소음 속에서 사람들의 이야기를 끌어올려 사유와 감동으로 빚어낸 책. 신명균 작가는 일상의 대화와 역사적 인물을 엮어 웃음과 눈물, 사유와 통찰이 살아 있는 이야기의 힘을 보여준다. 언어가 어떻게 사람을 위로하고 변화시키는지, 말이 어떻게 시대와 문화를 잇는 다리가 되는지를 생생하게 느낄 수 있다. 읽다 보면 단순한 말이 하나의 예술이 되고, 평범한 삶이 철학으로 빛난다.

　시장 골목길을 따라가다 보면, 사람들의 말은 상품처럼 흘러나오고 사라진다. 신명균 작가는 그 소리들을 그냥 지나치지 않는다. 그는 한때 잊힌 말들을 붙잡아 이야기를 만들고, 그 이야기 속에서 사람과 세상을 사유한다. 그리고 언어가 단순한 소통 도구를 넘어 한 인간의 기억과 감정, 시대의 공기까지 품을 수 있음을 보여준다.

　이 책은 학문적 언어학도, 철학적 사유도 어렵게만 느껴졌던 독자들에게 '이야기'라는 가장 따뜻한 형태로 다가올 것이다. 삶은 늘 복잡하고 언어는 때로 차갑지만, 이야기꾼의 목소리로 다시 들을 때 우리는 그 안에서 웃음과 위로, 성찰과 용기를 얻게 된다. 저잣거리의 말풍선은 결국 우리 자신을 비추는 거울이 되어, 각자가 어떤 목소리를 세상에 내고 싶은지 묻는다.

읽다 보면 어느새 자신의 말과 이야기를 돌아보게 된다.

우리는 어떻게 세상과 소통하고 있는가?

나의 말은 누군가에게 힘이 되는가, 아니면 흩어지는 소음일 뿐인가?

『저잣거리 말풍선』은 그 질문을 조용히, 그러나 깊게 던지고 있다.

이야기를 사랑하는 이들, 그리고 말의 힘을 믿는 모든 이에게 이 책을 권한다. 일상 속 말 한 마디가 얼마나 큰 감동과 변화를 만들어 낼 수 있는지, 이 책은 놀랍도록 생생하게 증명할 것이다.

작가이자 방송인, 칼럼니스트

이상헌

차례

1장

호객 소리

아침의 외침

;

해가 겨우 솟아올라 장터의 기와와 기둥을 비추기 시작할 무렵, 이미 사람들의 목소리는 하루를 앞질러 달리고 있었다. 닭이 세 번 울기 전에, 상인들은 목청을 달구기 시작한다. 누군가는 대야에 물을 끼얹으며, 누군가는 새벽이슬에 젖은 무를 털어내며 입술을 풀었다.

"에헴, 이리 와 보시게! 오늘은 딱 두 마리뿐이네. 꿩 고기가 이렇게 살이 올랐소!"

"에이, 저리 가 보게. 아침부터 거짓말은 무겁지 않나. 꿩이 어디서 두 마리뿐이야."

목소리들은 이리저리 부딪히며 튕겨 나갔다. 마치 북과 징처럼, 소리가 서로의 가슴팍을 치고 반향했다. 장터에서 호객 소리는 단순한 장사꾼 소리가 아니었다. 그것은 살아남겠다는 선언이었고, 동시에 오늘 하루를 지켜내는 의지였다.

아직 이른 시각, 안개가 서린 장터의 공기는 차가웠다. 그러나 그 차가움을 뚫고 가장 먼저 도착하는 것은 빛이 아니라 목소리였다.

"에헤이, 오늘 잡아 올린 싱싱한 물고기요!"

"아침 햇살 머금은 채소 한 단, 값싸게 드려요!"

"뜨끈한 술 한 잔으로 속을 덥히고 가시오!"

상인들의 외침은 마치 하루의 북소리 같았다. 해는 아직 산 너머에 머물러 있었지만, 목소리는 이미 장터에 불을 지폈다.

저잣거리 말풍선

아이 하나가 엄마 손을 잡고 장터에 들어서며 눈을 크게 떴다.

"엄마, 왜 다들 이렇게 크게 외쳐요? 너무 시끄러워요."

엄마는 웃으며 대답했다.

"애야, 저 소리 덕분에 사람들이 모여드는 거란다. 목소리는 장터의
심장이지."

멀찍이 지나가던 나그네가 그 대화를 듣고 고개를 끄덕였다.

"그렇다, 아침의 외침은 단순한 장사 수단이 아니네. 저 소리는 사람
들을 깨우고, 하루의 삶을 부르는 종소리와도 같지."

철학자가 주막 앞에서 술잔을 돌리며 말을 이어받았다.

"맞네. 저 호객 소리에는 굶주림을 이기려는 생존의 의지, 그리고 남
보다 먼저 마음을 움직이려는 설득의 힘이 깃들어 있지. 그리하여 장
터의 아침은 언제나 시끄럽지만, 그 소란 속에 인간의 삶이 살아 숨
쉬는 법이라네."

아이의 눈에는 장터 위로 말풍선들이 피어올랐다.

붉은 해처럼 뜨거운 소리, 바람처럼 흩어지는 소리, 배고픈 사람의
귀를 흔드는 소리. 그것은 단순한 외침이 아니라, 하루를 여는 삶의
기도였다.

나는 광대의 모자를 고쳐 쓰며 귀를 기울였다. 목소리에는 색이 있
었다. 고기 장수의 목소리는 붉고, 장작 장수의 목소리는 잿빛이며,
아이를 등에 업은 여인의 목소리는 젖은 푸른빛이었다. 목소리에는 온
도도 있었다. 성난 상인의 외침은 뜨겁고, 흥정에 지친 노인의 한숨은
서늘했다.

저잣거리에서 목소리는 곧 화폐였다. 말로 사고팔며, 음의 고저로 권
력을 매겼다. 그래서 목소리는 곧잘 싸움의 도구가 되었다.

"내 것이 더 신선하오!"

"신선하면 뭐 하겠소, 값이 비싸면 썩은 것이지!"

이 외침은 서로의 장사 판을 가르는 칼날이었다. 그러나 그 칼날을 피하는 법도 목소리에 있었다.

나는 광대 분장을 한 채 군중을 헤집고 다녔다. 내게는 웃음을 팔아야 할 의무가 있었으나, 그 웃음은 사람들의 목소리를 경청한 뒤에야 진실해졌다. 나는 목소리 속에 담긴 무게를 읽어내려 했다.

"저 목소리를 들어 보라. 껍데기는 가볍지만, 그 속은 천근만근이구나."

어떤 상인의 목소리에는 다섯 아이의 배고픔이 걸려 있었고, 어떤 여인의 목소리에는 병든 어머니의 약값이 묻어 있었다. 호객의 목소리는 흥정의 수단을 넘어, 삶의 고통과 희망을 실은 운반 수단이었다.

술에 취한 사내가 내 앞으로 다가왔다. 그의 입술에서 튀어나온 말풍선은 삐뚤빼뚤했으나, 정직했다.

"광대 양반, 웃음을 파는 게 목적인가?"

나는 허공에 손짓을 그리며 대답했다.

"웃음은 공짜다. 그러나 그 웃음 속의 진실은, 가장 값비싸다."

말풍선 두 개가 허공에서 부딪혔다. 하나는 굵은 글씨로 '웃음', 다른 하나는 가느다란 필체로 '진실'. 둘은 서로 맴돌다 이내 합쳐졌다. 저잣거리의 말풍선은 언제나 겉과 속이 달랐다. 겉은 장사꾼 소리였지만, 속은 절박한 생존이었다.

정오 무렵, 장터의 소음은 절정을 이루었다. 호객 소리와 아이들의 울음, 술 취한 노인의 노랫소리와 흥정하는 부부의 고함이 뒤엉켰다.

저잣거리 말풍선

소음 같았으나, 나는 그 안에서 어떤 질서를 보았다. 높낮이와 길이가 엮여 하나의 합창을 만들고 있었다.

"사시오, 사시오, 싱싱한 것 사시오!"

"깎아 줘, 깎아 줘, 세 닢이면 어떠냐!"

"허허, 그 값이면 내가 손해를 보지!"

그 합창은 악보에 적히지 않았으나, 사람들의 가슴에 남았다. 목소리들은 저마다 흩어졌으나, 결국 하나의 장터라는 공간 안에서 울리고 사라졌다.

나는 북을 가볍게 두드렸다. 북소리와 목소리가 합쳐지며 순간의 조율이 이루어졌다. 그때 나는 깨달았다. 호객 소리는 결국 민중의 노래였다. 하루를 살아내려는 자들의 목소리가 모여 장터를 노래로 만들고 있었다.

나는 스스로에게 물었다. 말은 무엇이고, 목소리는 무엇인가. 목소리는 단순히 소리를 내는 행위가 아니다. 그것은 마음의 무게를 공중에 띄우는 일이다. 말풍선은 목소리의 그림자였다.

"사람은 왜 이렇게 크게 외치는가?"

"조용히 말하면, 세상이 귀 기울이지 않기 때문이다."

광대 분장을 한 나는 그 속에서 역설을 보았다. 세상이 가장 크게 외치는 자의 목소리보다는, 가장 절박한 자의 속삭임을 더 오래 기억한다는 사실. 그러나 장터에서는 속삭임이 들리지 않는다. 그래서 모두가 외쳤다.

나는 내 말풍선을 띄웠다.

"목소리는 생존의 북소리요. 호객 소리는 민중의 합창이다."

그 말이 허공에 떠올라 장터 위를 맴돌았다. 어떤 이는 그 말에 고개를 끄덕였고, 어떤 이는 무심히 지나갔다. 그러나 그것으로 충분했다. 목소리는 들려지기보다, 퍼져 나가기 위한 것이었으니까.

2장

민중의 노래

새벽, 장터의 호흡

;

　새벽 공기는 물기를 머금고 있었다. 갓 씻은 나무판들에서 젖은 향이 올라오고, 바구니를 어깨에 멘 사람들의 발자국이 흙길에 박혀 놓았다. 장터 입구에서부터 호흡 같은 소리가 들려왔다. 곡식을 까부르는 소리, 방망이로 찧는 소리, 누군가의 가느다란 콧노래가 어둠을 헤집고 나온다.

　"바람아, 오늘은 살살 불어라."

　"손끝에 물집 터져도, 마음은 터지지 말거라."

　나는 광대의 분장을 가볍게 손질했다. 낡은 모자 가장자리는 비바람을 많이 맞은 탓에 삭아 있었다. 그 삭음이 내 표정에 은근한 미소를 얹어 준다. 오늘도 나는 웃음을 팔고, 말풍선을 다룬다. 허공에 떠오르는 사람들의 말은 풍선처럼 부풀어 오르고, 터진다. 그리고 다시 묶여 올라온다.

　장터 한가운데, 세 칸 정도의 빈터. 거기서 네다섯 명의 여인이 '박'을 맞추고 있었다. 그들은 매일 새벽 같은 자리에서 같은 순서로 몸을 풀었다. 누구는 가락을 먼저 올리고, 누구는 낮은 음으로 땅을 받쳤다. 그러면 나머지들이 그 사이를 꿰매듯 들어왔다.

　"하— 하—, 들썩이고—"

　"들썩이면— 살지—"

　"살면— 또 웃지—"

　노랫말이라기보다 숨이었다. 숨이 모여 노래가 되었다. 노래가 모여

저잣거리 말풍선

하루가 되었다. 나는 그 숨결 사이에 한 발짝 물러서서 서 있었다. 웃음으로 시작해야 하는 직업이라도, 웃음 앞에서 잠깐의 경건을 잃지 않으려 했다.

새벽의 장터는 처음에는 고요했으나, 곧 수많은 발소리와 말소리로 가득 찼다.

무거운 짐수레를 끄는 소리, 채소를 쌓는 소리, 닭 울음과 함께 섞인 인간의 기척.

그 소리들은 처음엔 흩어져 있었으나, 조금씩 모여 하나의 리듬을 만들기 시작했다.

"이리 와 보시오, 막 지어낸 떡이요!"

"저쪽은 싱싱한 고등어요!"

외침이 엇갈리며 부딪히다가, 어느 순간 서로 박자를 맞추듯 울려 퍼졌다.

나그네가 이 광경을 바라보며 중얼거렸다.

"이건 마치 합창 같구나. 누구도 지휘하지 않는데, 소리가 저절로 모여 노래가 되네."

그때 아이가 손뼉을 치며 따라 불렀다.

"빵이요~ 떡이요~ 물고기요~"

사람들은 아이의 장난스런 흉내에 웃음을 터뜨렸다. 웃음 또한 노래의 한 부분이었다.

멀찍이서 술잔을 기울이던 철학자가 낮게 읊조렸다.

"이것이 바로 민중의 노래라네. 악보가 없어도, 지휘자가 없어도, 삶의 필요가 부르는 노래. 노동과 흥정, 웃음과 한숨이 섞여 저잣거리를 울리니, 그것은 단순한 장사 소리가 아니라 인간이 살아 있다는 증거이지."

나그네는 고개를 끄덕이며 대꾸했다.

"노래는 귀로만 듣는 것이 아니구나. 몸으로 부대끼고, 마음으로 이어지네. 저 장터의 호흡은 곧 삶의 심장 박동 같네."

이윽고 해가 떠올랐다.

노래는 더욱 커지고, 장터의 호흡은 거대한 파도처럼 퍼져나갔다.

그 파도 속에서 누구도 소외되지 않았다. 가난한 이도, 부유한 이도, 상인도, 나그네도 모두 그 노래의 한 부분이었다.

아이의 눈에 장터는 거대한 합창단처럼 보였다.

"엄마, 이건 꼭 노래 같아요. 모두가 다 같이 부르는 노래요."

엄마는 웃으며 말했다.

"그렇단다. 이것이 바로 우리 삶의 소리, 민중의 노래란다."

그리고 철학자의 목소리가 그 새벽을 마무리했다.

"권력자는 궁궐에서 법전을 읊고, 학자는 서재에서 책을 읽지. 그러나 민중은 장터에서 노래한다네. 그 노래 속에 눈물과 웃음, 분노와 희망이 뒤섞여 역사가 시작되지."

저잣거리 말풍선

여인들의 이름

;

    사람들은 그들을 통틀어 '방아 여인'이라 불렀다. 그러나 나는 각자의 이름을 알고 싶었다. 노래에 이름이 없으면, 슬픔이 주인을 잃는다.

    저잣거리의 소란 속에서 가장 따뜻하게 울려 퍼지는 것은 여인들의 목소리였다. 아침부터 물동이를 이고 온 아낙, 갓난아이를 안고 흥정하는 어머니, 장터 한켠에서 바느질을 놓지 않는 소녀.

    그들의 목소리는 물건을 팔거나 사는 소리보다 부드럽고, 그러나 더 오래 남았다.

    "순이야, 여기 좀 와 봐라. 이 천을 만져 보렴."

    "복순아, 네 남편은 오늘도 일 나갔느냐?"

    "아이고, 강순댁! 또 왔구먼. 오늘은 떡이 참 잘됐소."

    여인들의 이름이 하나하나 불릴 때마다 장터는 더 생생해졌다. 그 이름들은 단순한 호명이 아니라, 서로를 기억하고 이어주는 끈이었다.

    아이가 묻는다.

    "엄마, 왜 다들 이름을 크게 부르나요? 그냥 '이모'나 '아주머니'라고 해도 되잖아요."

    엄마는 아이 머리를 쓰다듬으며 대답했다.

    "얘야, 이름을 부르는 건 그 사람을 잊지 않겠다는 약속 같은 거란다. 순이, 복순이, 강순댁… 이름 속에는 그 사람의 삶과 사연이 들어 있단다."

    나그네는 그 말을 곰곰이 곱씹으며 고개를 끄덕였다.

"그렇구나. 이름은 노래와도 같네. 한 번 부르면 메아리처럼 남아, 세대를 넘어 이어지는 노래가 되지."

그때 철학자가 술잔을 내려놓고 한 마디 거들었다.

"민중의 노래는 곧 이름의 합창이라네. 왕의 이름은 역사의 책에 기록되지만, 민중의 이름은 장터의 입에서 입으로 전해지지. 여인들의 이름이 불리며 흘러 다니는 소리는, 그 어떤 역사책보다 생생한 기록이라 할 수 있네."

장터 끝자락, 여인들의 목소리는 저녁노을처럼 번져 갔다.

누군가는 아이를 달래며 자장가를 불렀고, 또 다른 이는 흥정을 마친 뒤 친구와 웃음 섞인 수다를 이어 갔다.

그 노래는 단조롭고 소박했지만, 바로 그 소박함 속에 민중의 힘이 깃들어 있었다. 아이의 귀에는 여인들의 이름이 하나의 가락처럼 들렸다.

"순이야, 복순아, 강순댁…"

그것은 삶을 불러내는 노래이자, 역사를 지탱하는 또 다른 합창이었다.

서리내

가장 먼저 소리를 여는 여인의 이름은 '서리내'였다. 겨울 끝의 물 같은 눈빛. 남편은 오래전 강가에서 실종되었다. 몸은 찾지 못했고, 이름만이 마을에 남았다. 서리내는 이름을 부르면 울음이 올까 봐, 낮에는 남편의 이름을 부르지 않았다. 대신 노래로 부르곤 했다.

"이름이여, 나를 지나 흘러가라."

"흘러가도, 다시 돌아오너라."

곡식을 까부르는 손놀림이 곧잘 박자를 앞질렀고, 그녀의 앞질러 가

저잣거리 말풍선

는 박자 때문에 다른 이들이 웃음을 터뜨리곤 했다. 그 웃음이 서리내의 어깨를 톡톡 두드려 주었다.

봄이

둘째 여인은 '봄이'였다. 이름처럼 계절을 품고 다니는 듯했지만, 봄이는 유난히 겨울에 밝아졌다. 겨울이 오면 사람들의 표정이 굳고 지갑이 닫혔다. 봄이는 그 굳음을 깨는 재주가 있었다. 아무도 웃지 않을 때 먼저 웃었고, 가격이 오르면 먼저 깎아 주었다. 그 너그러움이 장터에 기름을 치고, 인심을 돌게 했다.

"에이, 내일도 장터는 열리잖여. 오늘은 좀 깎아 드리지."

"웃음 두 숟갈 얹어 갑시다, 에헤라."

사람들은 봄이를 보면 힘이 덜 들었다고 했다. 웃음은 때로 돈보다 큰 부자였다. 봄이는 그 부를 흩뿌리고 다녔다.

단비 어미

셋째 여인은 '단비 어미'라 불렸다. 이름보다 호칭이 먼저였다. 아이를 잃기 전에는 '단비의 어미'였고, 잃은 뒤에도 '단비 어미'였다. 그녀의 말풍선은 크기가 작았다. 멀리 떠오르지 못했고, 늘 이마 높이에서 흔들렸다. 그러나 소리는 깊었다. 깊은 우물에서 길어 올린 물 같은 울림.

"울음은, 목구멍으로만 나오는 게 아니여."

"등뼈로, 발뒤꿈치로도 운다."

사람들은 단비 어미의 노래를 듣고 값쟁이를 멈추었다. 그녀가 한 소절을 마칠 때마다, 누군가의 손이 가방끈에서 힘을 풀었다.

자운

넷째 여인은 '자운'이었다. 채색된 천을 팔았다. 자줏빛과 구름 빛을 섞어 겨울에도 이른 저녁놀을 펼치는 사람이었다. 자운은 곁에서 노래할 때도 손에서 천을 놓지 않았다. 그녀의 손끝은 정직해서, 거짓 음을 악습처럼 싫어했다.

"삐끗한 소리는, 삐끗한 마음에서 나와."

"오늘은 삐끗하지 말자."

나는 자운이 던지는 짤막한 말이 좋았다. 잘 다듬어진 속담 같으면서도, 그날의 날씨를 꼭꼭 집어넣은 메모 같았다.

소리의 자리, 자리의 소리

여인들은 매일 같은 자리를 차지했다. 자리가 소리를 부르고, 소리가 자리를 굳혔다. 어떤 날은 그 자리를 빼앗으려는 이들과 실랑이가 벌어졌다. 그럴 때마다 봄이가 먼저 나섰다.

"아이고, 자리는 오늘도 여기 있지요. 우리도 사람이고, 당신들도 사람이지요. 그럼 소리는 반씩 나눠야지요."

반씩 나눌 수 없는 것이 세상에는 많았다. 그러나 봄이는 일단 '반'이라는 말을 꺼냈다. 반은 싸움의 문턱을 낮추는 주문이었다. 단비 어미가 낮은 음으로 허리를 받치고, 자운이 박자를 지켜 주면, 서리내가 천천히 높이를 올렸다. 그러면 실랑이는 대개 노래의 길로 빠져들어 갔다. 사람들은 음악 앞에서 계산기를 잠시 내려놓았다.

나는 그 모습을 보며 생각했다. 노래는 규칙 없는 민주주의였다. 모두가 제 마음대로 부르지만, 이상하게도 조화가 난다. 누군가 한 음을 너무 길게 끌면 다른 누군가가 조심스레 잘라 준다. 그 잘라냄이 미움이 아니라 숨을 나누는 배려라는 걸, 그들은 알고 있었다.

"여기서 노래는, 살기 위한 합의요."
"합의는, 서로의 호흡을 인정하는 일이지."

장터는 언제나 같은 자리에 같은 사람들이 모였다.

생선 장수는 늘 우물 옆에, 채소 장수는 길목에, 주막은 장터 끝자락에.

자리는 곧 그 사람의 정체였고, 그 자리에서 울려 퍼지는 목소리는 그 사람의 운명이었다.

"에헤이, 싱싱한 생선이요!"

"아삭아삭한 배추 가져가시오!"

이 목소리들은 늘 같은 자리에 앉아 있었고, 지나가는 이들은 그 자리를 떠올리면 곧 목소리를 떠올렸다.

아이 : "엄마, 왜 아저씨들은 늘 같은 자리에만 있어요? 좀 다른 데서 팔면 더 재미있을 텐데요."

엄마 : "애야, 자리가 바뀌면 목소리도 달라지는 법이란다.

여기 우물 옆에서 외치는 소리와, 저 언덕 위에서 외치는 소리는 전혀 다르지. 사람도 목소리도 자리를 닮아 가는 거야."

나그네는 그 말을 듣고 미소 지었다.

"그렇구나. 자리가 목소리를 만들고, 목소리가 자리를 지키는 것이네. 그러니 장터의 소리는 곧 자리의 지도이지."

광대 하나가 장터에 나타나 사람들 사이를 돌아다니며 장난스럽게 외쳤다.

"오늘은 내가 주막 앞에서 소리를 내볼까, 아니면 채소 장수 옆에서 웃음을 터뜨려 볼까?"

사람들이 웃음을 터뜨리자 광대는 손뼉을 치며 덧붙였다.

"봐라, 자리마다 울림이 다르다. 같은 웃음도, 같은 농담도, 어디서 하느냐에 따라 다르게 들리지!"

그때 철학자가 잔을 내려놓고 말했다.

"공간은 단순한 배경이 아니라네. 성 안에서 울리는 법전의 소리는 권력이 되고, 저잣거리에서 울리는 호객 소리는 생존이 되지. 장터의 자리마다 소리가 다르고, 그 소리들이 모여 세상의 합창을 이루는 것이라네. 그러니 '소리의 자리'는 곧 '자리의 소리'이고, 이 둘은 서로를 비추는 거울과 같지."

아이의 눈에는 장터가 거대한 악보처럼 보였다.

사람들의 목소리는 음표가 되어 자리마다 찍혀 있었고, 그 음표들이 모여 민중의 노래가 되었다.

어느 자리의 소리도 쓸모없지 않았고, 어느 소리도 무의미하지 않았다.

그 노래 속에서 장터는 살아 있었다.

자리와 소리, 소리와 자리가 얽혀 하나의 큰 울림을 만들어 내고 있었던 것이다.

광대의 대답

;

나는 오늘도 질문을 들고 나왔다. 웃음은 어디서 오고 어디로 가는가. 노래는 울음의 반대편인가, 아니면 같은 강의 다른 물결인가. 내가 장터의 가운데에 서면 아이들이 먼저 몰려왔다. 아이들에게는 이유가 없다. 그들의 말풍선은 색이 진하고, 속도가 빠르다.

"광대야, 오늘은 칼 삼키는 거 보여줘!"

"어제는 불을 뿜더니, 오늘은 무엇을 뿜나!"

나는 과장된 몸짓으로 손사래를 쳤다.

"오늘은 불 대신 노래를 뿜을 거다. 칼 대신 이야기를 삼키겠다."

아이들은 야유와 환호 사이를 튀어 다녔다. 그들의 소리도 노래였다. 나는 북을 하나 꺼내어 바닥에 엎어 놓고, 여인들의 박자에 귀를 기울였다. 그 박자 위에 말이 얹히면, 말도 노래가 된다. 그러자 사람들이 하나둘 모여들었다.

"웃음이란 무엇인가."

"웃음은 주머니가 얇아진 날에도 남는 재산이다."

"그 재산으로 우리는 하루를 산다."

내 말풍선이 떠오르자, 서리내가 웃듯 음을 던졌다. 단비 어미는 그 아래에서 허밍으로 땅을 깔았다. 자운의 손바닥이 한 번, 두 번, 정확하게 박을 찍었다. 봄이가 마지막 박에 맞춰 손을 내어 두었다. 내 말은 노래가 되었고, 노래는 사람들을 동그랗게 묶었다.

광대는 장터 한가운데에 서서 한참 동안 사람들의 얼굴을 바라보다가, 느닷없이 큰 소리로 외쳤다.

"여러분, 내게 묻는 자가 있더이다. 광대의 소리는 무엇을 위함이냐고! 그대들, 대답을 들어볼 테요?"

사람들이 웅성거렸다. 어떤 이는 웃고, 어떤 이는 고개를 갸웃했다.

그 틈을 놓치지 않고 광대는 손에 든 방울을 흔들며 장단을 탔다.

"나의 소리는, 배고픔을 잊히게 하려는 웃음이요.

나의 대답은, 권력의 목소리를 비틀어 보여주는 거울이요.

그러나 무엇보다도, 나는 이 장터의 숨결을 이어 가는 또 하나의 노래일 뿐이오."

아이 : "아저씨, 그럼 광대도 노래를 부르는 거예요?"

광대는 아이를 향해 크게 웃으며 허리를 굽혔다.

"그렇지, 꼬마야. 내가 하는 농담, 내가 내뱉는 소리, 그것이 곧 장터의 노래지. 왕의 궁궐에서 들리지 않는 소리, 책 속에 적히지 않는 목소리를 나는 대신 외쳐 주는 것이야."

나그네가 그 말을 듣고 천천히 고개를 끄덕였다.

"그렇다면 그대의 대답은 단순한 익살이 아니구나. 광대의 소리는 권력자에게는 불편한 풍자일 것이고, 민중에게는 웃음 속 위로가 될 것이네. 민중의 노래가 눈물과 한숨으로 채워질 때, 광대의 소리는 그것을 다시 웃음으로 바꾸어 내는 지혜로구나."

철학자가 잔을 내려놓으며 중얼거렸다.

"광대의 소리는 경계 위에 있지. 그는 웃음과 풍자 사이를 오가며, 민중과 권력 사이를 잇는 다리가 된다네. 그러므로 광대의 대답은 늘 이중적이다. 겉으로는 장난이지만, 속으로는 가장 진지한 고백이니."

그날 장터의 소란 속에서 광대의 웃음소리는 멀리 퍼져 나갔다.

저잣거리 말풍선

사람들은 배를 잡고 웃었지만, 웃음 속에 자신들의 삶이 담겨 있다는 것을 은연중에 알고 있었다.
　광대의 대답은 웃음으로 시작해 사유로 끝났고, 그 소리는 민중의 노래에 한 줄 더해졌다.

장터의 합창 : 낮의 고비

;

해가 완전히 뜨면 장터는 소리의 상처를 드러낸다. 값 흥정은 칼끝처럼 예리하고, 욕설은 곧잘 피를 부른다. 그때 합창은 붕대가 된다. 오늘의 고비는 세금이었다. 아전이 여럿을 데리고 와서 '소리세'를 매긴다고 했다. 장터에서 노래하는 이들에게도 세금을 매기겠다는 것이었다.

"노래로 돈을 벌면 세금을 매기고, 노래로 돈을 안 벌어도 소리로 매긴다."

"세상에, 공기에도 세금을 매기시겠네."

나는 한 걸음 앞으로 나섰다. 광대의 입은 흔히 무기로 쓰인다. 하지만 오늘은 그 무기를 술술 휘두르지 않기로 했다. 대신 박자에 맞춰 말하기로 했다. 말이 박자를 타면, 화는 길을 잃는다.

"아전 어르신, 세금을 매기려면 단위가 있어야지요. 소리는 어느 부피로 재시려나. 소리 한 말(斗)은 바가지 몇 개인가."

사람들이 킥킥거렸다. 아전의 얼굴에 얇은 웃음이 번졌다. 얇은 웃음은 곧잘 협상의 문이 된다.

"그럼 노래 한 수를 들어 보자. 값어치를 재 보지."

여인들이 서로를 보았다. 봄이가 고개를 끄덕였다. 서리내가 선창을 올리고, 단비 어미가 낮게 어울리고, 자운이 정확히 박을 찍었다. 나는 그들 곁에 섰다. 그리고 아이들에게 손짓했다. 아이들이 둘러섰다. 아이들의 웃음은 비과세였다. 아무도 아이의 웃음에 세금을 매길 수 없다.

　　　　　　　　　　　　　　　　　　저잣거리 말풍선

합창이 시작되었다. 노랫말은 오래된 속담을 빌렸고, 오늘의 기분을 얹었다.

"삶은 절구, 우리는 콩. 찧고 또 찧어도, 고소한 향이 난다."

"세상은 저울, 마음은 추. 가벼워야 오른다, 무거워야 떨어진다."

"세금은 그림자, 사람은 몸. 몸이 서 있으면, 그림자는 자연히 따른다."

합창이 끝났을 때, 아전의 어깨가 조금 내려가 있었다. 그도 사람이었다. 노래 앞에서는 조금씩 납작해지는 것이었다. 아전이 어색한 기침을 하고 돌아섰다. 그가 떠나자 장터는 짧은 환호로 춤을 췄다. 그러나 환호는 오래 가지 않았다. 일은 다시 일을 불렀다.

한쪽에서 홍정이 끝나면 곧 옆자리에서 새로운 거래가 시작되었고, 빵을 산 이가 다른 이에게 소금을 물었으며, 옷감을 고른 여인이 곧 신발 장수에게 발걸음을 옮겼다.

목소리는 목소리를 밀어 올리고, 홍정은 홍정을 부르는 연쇄가 이어졌다.

아이 : "엄마, 왜 장터는 멈추질 않아요? 아침부터 계속 말이 이어져요."

엄마 : "애야, 장터는 멈추면 죽는 거란다. 사람이 숨을 쉬듯, 장터도 소리를 쉬면 금세 죽고 말지. 그래서 일은 다시 일을 부르고, 소리는 또 다른 소리를 부르며 이어지는 거야."

나그네는 그 장면을 오래 바라보다가 중얼거렸다.

"삶은 끊임없는 대화구나. 하나의 목소리가 다른 목소리를 깨우고, 그 목소리가 또 다른 이를 흔든다. 낮의 장터는 마치 거대한 합창이자, 끝없이 이어지는 파도 같네."

광대가 방울을 흔들며 덧붙였다.

"허허, 그렇지! 장터의 소리는 멈추지 않아. 웃음이 울음을 부르고,

울음이 다시 웃음을 부르니, 이곳은 끝없는 연극 무대 같구먼."

사람들이 그 말에 박장대소하며, 한낮의 뜨거움은 잠시 웃음으로 식혀졌다. 철학자가 다시 술잔을 들며 천천히 정리했다.

"낮의 고비에서 드러나는 합창은 단순한 장터의 소음이 아니네. 그것은 서로의 삶이 이어지는 방식, 민중이 역사를 써 내려가는 방식이라네. 일이 일을 부르고, 소리가 소리를 부르며, 인간은 그렇게 서로의 삶을 지탱하는 것이라네."

그 순간, 장터 위로 햇빛이 더욱 강하게 쏟아졌다.

그 빛 속에서 사람들의 목소리는 더욱 선명하게 울려 퍼졌다.

장터는 여전히 소란스러웠지만, 그 소란은 곧 하루를 살아가는 노래였다.

저잣거리 말풍선

사소한 도둑, 큰 질문

;

한낮의 열기가 더해질 때, 작은 소동이 일었다. 콩 자루 하나가 사라졌다. 사람들이 한 소년을 붙잡았다. 소년은 말이 없었다. 말이 없으면 말풍선도 없다. 사람들은 그 침묵을 마음대로 꾸몄다. 어떤 이는 '배고픔'이라 적었고, 어떤 이는 '나태'라 적었다. 또 어떤 이는 '악'이라 적었다.

"도둑놈을 본 듯해!"

"손이 빨랐어, 저놈이야."

"혼쭐을 내야 해."

나는 소년의 눈을 들여다보았다. 눈은 대개 가장 늦게 거짓말을 배운다. 소년의 눈에는 바닷빛이 있었다. 먼 곳을 본 사람의 눈. 나는 북을 들어 단 한 번, 크게 울렸다. 소리가 사람들의 말풍선을 잠시 눌렀다.

"너는 왜 가져갔니?"

잠시 침묵. 그리고 소년의 얇은 목소리.

"어머니가 배고프다고… 오늘은 아무것도 못 드셨다고…"

사람들의 말풍선에서 잉크가 조금씩 번졌다. '악'은 '허기'로, '나태'는 '병'으로 글자가 바뀌는 듯했다. 봄이가 먼저 자루의 끈을 풀었다. 콩이 한 줌, 두 줌 소년의 손에 담겼다. 단비 어미가 물을 건넸다. 서리내는 허리에 찬 작은 주머니에서 말린 나물을 꺼냈다. 자운은 파란 천으로 작은 보자기를 만들었다.

"다음에는 먼저 말해. 말풍선을 먼저 띄워."

"말이 없으면, 사람들은 자기 마음대로 네 마음을 만든단다."

나는 소년에게 북채를 쥐어 주었다.

"한 번만, 마음대로 쳐 봐라. 너도 오늘의 박을 찍어라."

소년이 두려운 손으로 북을 쳤다. 소리는 어설펐지만, 진실했다. 진실은 언제나 박자를 조금 앞지르거나 늦춘다. 여인들이 그 박자에 맞춰 아주 짧은 소절을 붙였다. 소년은 고개를 들었다. 그의 말풍선에 작은 글씨로 '다음'이 적혔다.

빵 장수의 한숨과 함께 장터는 다시 소란을 되찾았다.

사람들은 흩어져 제 갈 길을 갔지만, 방금 벌어진 일은 누구의 가슴 속에도 오래 남았다.

소년의 눈물, 장수의 망설임, 사람들의 웅성거림이 뒤섞여 저잣거리 위에 묵직한 기운을 드리웠다.

아이 : "엄마, 저 아이는 이제 어떻게 될까요?"

엄마 : "글쎄다… 하지만 오늘 일을 잊지 못하겠지. 우리도 잊지 못할 거야."

나그네는 멀어져 가는 소년의 뒷모습을 바라보다가 낮게 속삭였다.

"삶은 언제나 우리에게 질문을 던지네. 그것이 빵 한 조각이든, 정의의 무게든, 결국 우리는 대답을 남기며 살아가야 하지."

광대가 고개를 끄덕이며 덧붙였다.

"허허, 대답이 없는 대답도 있소. 오늘 아이는 빵을 얻었지만, 우리 모두는 더 큰 질문을 얻었지. 그 질문이야말로 장터가 우리에게 남기는 노래요."

철학자가 마지막 잔을 비우며 조용히 정리했다.

"사소한 도둑은 곧 큰 질문이 되었네. 우리가 오늘 던진 눈빛과 말이, 내일의 장터를 바꿀 수도 있지. 삶은 그렇게 작은 흔적 속에서 다시 '다음'을 부르는 법이라네."

　　　　　　　　　　　　　　　　　　　　　저잣거리 말풍선

그 순간, 소년이 흘린 눈물방울이 바닥에 번지듯, 저잣거리 위에는 말풍선 하나가 남았다.

투명한 말풍선 안에, 작은 글씨로 단 한 마디가 적혀 있었다.

"다음."

낙과(落果)와 속도의 은유

;

바람이 불어 왔다. 사과 몇 알이 좌판에서 굴러 떨어졌다. 사람들은 저마다 손을 뻗어 사과를 받았다. 어떤 이는 발끝으로 멈추었고, 어떤 이는 놓쳤다. 떨어진 사과는 상처가 났다. 상처 난 사과는 값이 내려간다. 값이 내려가도 사과의 맛이 모두 떨어지는 건 아니다. 낙과는 단맛이 깊다. 땅을 한 번 더 배웠기 때문이다.

"사람도 낙과가 되어 보지 않고는, 단맛을 모른다."

"우리는 다 조금씩 땅으로 떨어진다."

나는 그 생각을 말풍선으로 띄워 올렸다. 누군가는 고개를 끄덕였고, 누군가는 못 들은 체 지나갔다. 모든 사유가 모든 귀에 들릴 수는 없었다. 사유는 대개 한 사람씩 건너다닌다. 오늘 내 말을 주워 담은 이가 있다면, 내일은 그에게서 또 다른 말이 떨어질 것이다.

철학자의 말이 장터 위에 흩어지자, 마침 나무에서 과일 하나가 뚝 떨어졌다. 땅바닥에 굴러가는 그 소리에 모두의 시선이 잠시 멈췄다.

아이 : "엄마, 왜 저 과일은 떨어졌을까요?"

엄마 : "시간이 된 거지. 익은 것은 떨어지고, 떨어진 건 흙으로 돌아가는 거야."

나그네가 과일을 주워 들며 말했다.

"낙과는 끝이 아니라 또 다른 시작이네. 떨어짐은 부끄러움이 아니라, 다음 세대를 잉태하는 준비지. 인간의 삶도 그렇지 않은가. 느린 듯 흘러가지만, 결국 그 속도가 낙과의 순간을 부른다네."

저잣거리 말풍선

광대가 방울을 울리며 웃었다.

"허허, 맞는 말씀이오. 사람들은 늘 빨리 달리고 싶어 하지만, 결국엔 모두 떨어져 흙으로 돌아가지 않소? 낙과는 속도의 끝이요, 속도는 낙과를 향한 질주 아니겠소?"

아이 : "그러면 빨리 가는 게 좋은 거예요, 느리게 가는 게 좋은 거예요?"

철학자가 미소 지으며 대답했다.

"빠름과 느림은 모두 삶의 은유라네. 빠름은 불꽃처럼 눈부시지만 금세 사라지고, 느림은 강물처럼 오래 흐르지. 낙과는 두 가지 속도의 교차점에서 탄생한다네."

저녁 빛이 장터를 붉게 물들이며 사람들의 그림자가 길게 늘어졌다. 그 속에서 아이의 눈에는, 떨어진 과일 하나가 마치 별처럼 빛나 보였다.

"어둠이 깊어질수록 잘 보이는 빛."

그 말이 다시 되새겨졌다.

낙과는 끝이 아니라 다음의 씨앗이었고, 속도는 단순한 움직임이 아니라 삶을 재촉하는 은유였다.

저잣거리는 그렇게 하루의 끝자락에서도 여전히 민중의 노래를 이어가고 있었다.

오후의 그늘, 노래의 온도

;

해가 기울며 그늘이 길어졌다. 그늘은 노래의 온도를 바꾼다. 높은 음은 그늘에서 힘을 잃고, 낮은 음은 더 깊어진다. 단비 어미의 목이 빛났다. 낮은 음은 사람들의 허리까지 내려와 앉는다. 그렇게 앉은 소리는 잠깐의 평온을 만든다.

"음식을 나누면 배가 덜 고프고, 노래를 나누면 마음이 덜 춥다."

서리내가 오늘의 마지막 선창을 올렸다. 먼 데서 까마귀가 울었다. 까마귀의 소리도, 제 자리에선 제 노래였다. 자운이 좌판을 정리하며 남은 천을 작은 조각들로 잘랐다. 그 조각들을 아이들이 챙겨 갔다. 아이들은 그 천으로 인형 옷을 지었다. 내일 그 인형들이 장터에 다시 나올 것이다. 내일의 웃음은 오늘의 조각에서 나온다.

그 말이 울린 직후, 장터에 긴 그늘이 드리웠다.

햇볕은 여전히 뜨거웠지만, 사람들의 몸과 마음은 서서히 피로에 젖어들고 있었다. 한쪽에서는 노랫가락이 흘렀다.

"아이고 힘들다, 그러나 내일 또 살아야지…"

그 소리는 낮은 음으로 시작해, 이윽고 흥겨운 장단으로 변했다.

아이 : "엄마, 왜 노래가 슬픈데도 들으면 따뜻해요?"

엄마 : "그건 노래의 온도란다. 삶이 힘들어도, 노래는 사람을 데워 주기도 하고, 때로는 차갑게 식히기도 하지."

나그네가 고개를 끄덕이며 덧붙였다.

"그늘 속 노래는 뜨겁지도, 차갑지도 않네. 그것은 중간의 온도, 바로 인간의 체온과 같은 소리라네. 피곤한 낮이지만, 그 체온 덕분에 내일을 버틸 힘이 생기는 것이지."

광대가 방울을 흔들며 장단을 맞췄다.

"허허, 노래는 마치 국밥 같소. 뜨겁게 먹으면 땀이 나고, 식은 채로 먹어도 배는 부르지. 중요한 건 그 국밥을 함께 나누는 것이오. 노래도 마찬가지지. 혼자 부르면 메아리지만, 함께 부르면 온도가 달라지지 않소?"

철학자가 잔을 내려놓으며 말을 이었다.

"그늘은 단순한 어둠이 아니라, 열기를 식히는 쉼이네. 노래가 그늘 속에서 울릴 때, 우리는 비로소 삶의 속도를 조절할 수 있지. 과열된 욕망은 식고, 식어 버린 마음은 다시 덥혀지네. 그것이 바로 노래의 온도, 곧 인간의 온도라네."

장터 한복판, 사람들은 여전히 분주했지만, 그들의 목소리는 아침보다 낮고 저녁보다 뜨거웠다.

아이의 눈에 그것은 거대한 난로처럼 보였다.

불꽃이 아니라 목소리로 데워지는 난로.

그 속에서 사람들은 서로의 체온을 나누며 내일의 웃음을 준비하고 있었다.

그늘은 점점 길어졌다. 장터의 소음도 잠시 고요를 머금었다가, 다시 파도처럼 일렁였다. 아이의 귀에는 그 소리가 마치 낮게 깔린 북소리처럼 들렸다.

"쿵, 쿵… 사람들의 발자국이 다 노래 같아요."

엄마는 아이를 안으며 미소 지었다.

"맞아, 얘야. 발자국도, 한숨도, 웃음도 다 노래지. 그것들이 모여 우리 삶의 온도를 만들고 있단다."

나그네가 걸음을 멈추고 장터를 바라보았다.

"아침의 소리는 날카로운 화살 같았네.

낮의 소리는 서로 부딪히는 전투 같았지.

그러나 이 오후의 그늘 속에서 나는 처음으로 노래가 온기를 품는 것을 본다네. 삶의 가장 뜨거운 순간은 전투가 아니라, 서로의 체온을 나누는 이 순간일지도 모르지."

광대가 방울을 들고 사람들 사이를 뛰어다니며 장난을 쳤다.

"허허, 나그네 말이 맞소!

내 웃음소리는 뜨겁고, 네 눈물은 차갑고, 저 노인의 흥얼거림은 미지근하지 않소?

결국 우리는 모두 다른 온도의 노래를 부르면서도, 하나의 합창을 이루고 있는 게 아니겠소?"

사람들이 잠시 웃었고, 그 웃음조차 장터의 공기를 덥혔다.

철학자가 손을 들어 허공에 원을 그리듯 말했다.

"온도는 단순히 높고 낮음의 문제가 아니네.

노래의 온도는 곧 인간의 마음의 높낮이라네.

뜨거운 분노는 저항의 노래가 되고, 차가운 고요는 사유의 노래가 되며,

미지근한 일상은 지속의 노래가 되지.

장터는 그 모든 온도를 함께 품는 거대한 화롯불이로다."

어느새 해가 기울고, 그늘은 장터 전체를 덮었다.

그러나 사람들의 눈빛은 꺼지지 않았다.

그늘 속에서 오히려 불빛이 잘 보이듯, 노래 또한 어둠이 깊어질수록 더욱 선명하게 울려 퍼졌다.

저잣거리 말풍선

아이의 눈에는 장터 위로 수많은 작은 불씨가 흩날리는 듯 보였다.

그 불씨들은 모두 사람들의 목소리였고, 그 목소리들은 각기 다른 온도를 가지고 있었다.

그러나 합쳐지면 하나의 거대한 화염이 되어, 내일을 밝히는 힘이 되었다.

말풍선의 철학, 다시

;

　오늘 하루, 나는 스스로에게 같은 질문을 여섯 번 던졌다. 말은 무엇인가? 말풍선은 왜 떠올랐다가 터지는가? 어쩌면 말은 그저, 혼자 선들기 어려운 것을 들어올리기 위한 기구인지도 모른다. 무거운 마음을 서로의 머리 위로 잠시 띄워 두는 장치. 그래서 말풍선에는 줄이 달려 있다. 줄을 놓치면, 말은 하늘로 날아가 버린다. 줄을 너무 당기면, 말은 사람의 얼굴을 때린다.

　"적당히 놓고, 적당히 잡아라."

　"그 사이에서 우리가 산다."

　아이들이 집으로 돌아가고, 장정들의 발소리가 멀어졌다. 봄이가 내 어깨를 툭 쳤다.

　"광대 양반, 오늘은 칼을 안 삼켜도 사람들이 배가 좀 찬가 보네."

　"오늘은 그랬소. 내일도 그러길 바라지."

　"노래가 있잖여. 노래가 배고픔을 잠깐 잊게 하잖여."

　"노래는 배고픔을 잊게도 하지만, 배고픈 이의 배를 내 눈앞에 데려오기도 해. 그래서 더 잊을 수 없지."

　봄이가 웃었다. 그 웃음은 불길 앞에서 물이 튀는 소리 같았다. 나는 다시 생각했다. 웃음은 소리가 아니라 빛일지 모른다. "어둠이 깊어질수록 잘 보이는 빛." 그 말이 저잣거리 위에 또 한 번 울려 퍼지자, 사람들의 머리 위로 떠다니던 말풍선들이 더욱 선명해졌다.

　낮에는 너무 많아 서로 뒤엉켜 보이지 않았던 말풍선들이, 저녁의

　　　　　　　　　　　　　　　　　　저잣거리 말풍선

어둠 속에서는 각기 다른 빛깔로 드러났다.

아이 : "엄마, 저기 떠 있는 말풍선들 보여요? 어떤 건 환하게 빛나고, 어떤 건 그림자 같아요."

엄마 : "애야, 말은 낮에도 있지만, 밤이 되어야 그 속이 더 잘 보인단다. 누가 진심으로 말했고, 누가 흉내 내듯 말했는지가 이제 드러나지."

나그네가 천천히 고개를 끄덕였다.

"낮의 소란 속에서는 모든 말이 비슷해 보이네. 그러나 어둠이 내리고 침묵이 깃들면, 말풍선 하나하나가 진실을 품고 있음을 깨닫게 되지. 말은 그림처럼 흘러가지만, 그 그림자 속에 진짜 빛이 숨어 있는 법."

광대가 웃으며 장단을 탔다.

"허허, 그렇소! 낮에는 나의 농담과 상인의 흥정이 똑같은 소리로 들리지만, 밤이 되면 농담은 웃음으로 남고, 흥정은 한숨으로 남지 않소? 같은 말풍선이라도 어둠 속에서야 제 얼굴을 드러내는 것이지."

철학자가 잔을 내려놓으며 말을 이었다.

"말풍선의 철학은 결국 '다시'라네. 한 번 던진 말은 사라지는 듯 보이지만, 시간이 지나면 다른 빛으로 다시 나타난다네. 오늘 흘린 농담이 내일은 교훈이 되고, 오늘의 작은 한숨이 내일의 노래가 되지. 그러므로 모든 말은 다시 살아나고, 모든 말풍선은 어둠 속에서 빛으로 바뀌는 법이라네."

장터의 불빛이 하나둘 켜졌다.

그 불빛 속에서 사람들의 말풍선은 반짝이며 서로 이어졌다.

낮에는 소란, 오후에는 체온, 저녁에는 철학이 되었다.

아이의 눈에 그것은 거대한 별자리처럼 보였다.

"엄마, 저 말풍선들이 모이면 하늘의 별 같아요."

엄마는 아이를 안으며 대답했다.

"그래, 얘야. 우리가 흘린 말들이 하늘에 닿으면 별이 되고, 별빛은 다시 우리에게 내려와 길을 밝혀 주지."

그리고 저잣거리는 다시 노래를 시작했다.

빛과 어둠, 소란과 침묵, 웃음과 눈물이 뒤섞인 노래.

그 모든 소리가 모여 하나의 철학을 만들었다.

그것은 오늘의 언어가 내일의 길이 되고, 내일의 언어가 다시 오늘을 비추는 순환의 노래였다.

저잣거리 말풍선

에필로그 같은 저녁,
그러나 아직 하루의 절반

;

장터의 저녁은 집으로 향하는 발걸음들로 붉어졌다. 여인들은 서로의 등을 두드리며 흩어졌다. 서리내는 강가 쪽으로 걸었다. 봄이는 뒷정리를 도우며 남았다. 단비 어미는 시장 끝의 작은 사당에 잠깐 들렀다. 자운은 먼지 묻은 천을 털어 곱게 덮었다. 나는 북과 모자를 챙겼다. 오늘의 말풍선을 내 손바닥으로 하나하나 눌러 접었다.

"내일도 같은 시간, 같은 자리."

그 말은 약속이 아니라 기도였다. 우리는 내일도 같은 자리에 설 수 있기를, 같은 소리를 낼 수 있기를 빌었다. 그러나 세상은 매일 조금씩 다른 모양으로 접힌다. 그래서 노래가 필요하다. 노래는 달라진 모양을 서로에게 알려 주는 신호다.

나는 마지막으로 장터를 돌아보았다. 좌판 위에 놓인 빈 대야들, 반쯤 접힌 파란 천, 아이가 떨어뜨리고 간 작은 나무 피리 하나. 나는 피리를 입에 대고 아주 짧게 불었다. 낮게, 조심스럽게. 오늘의 낮은 음이 밤으로 흘러 들어갔다.

"사람은 왜 노래를 부르는가."

"말로는 다 닿지 않는 곳이 있어서다."

오늘의 민중의 노래는 그 닿지 않는 곳에 닿았을까? 정답은 없었다. 그러나 내가 귀를 기울이고, 다른 이가 손을 내밀고, 또 다른 이가 박자를 지켜 주었다. 그 셋이 모이면, 대개는 충분했다. '충분함'이라는 말풍선이 어둠 속을 천천히 떠올랐다. 나는 그 줄을 가볍게 잡았다.

너무 세게 당기지 않으려 애쓰면서.

　부록 : 오늘 장터에 남은 말들(메모)

　서리내 : "이름이여, 나를 지나 흘러가라."

　봄이 : "웃음 두 숟갈 얹어 갑시다."

　단비 어미 : "등뼈로도 운다."

　자운 : "삐긋한 소리는, 삐긋한 마음에서 나와."

　아전 : "값어치를 재 보지."

　소년 : "어머니가 배고프다고…."

　광대(나) : "말풍선은 혼자서 들 수 없는 걸 띄우는 기구."

　노래는 흩어지고, 말은 남았다. 내일 아침, 우리가 다시 모여 호흡을 맞추면, 그 말들 위로 또 다른 선율이 얹히리라. 그때 나는 오늘의 북을 한 번 더, 똑같은 힘으로 칠 것이다. 같은 소리이되, 같은 소리가 아닌 소리로.

　저녁 무렵 장터는 잠시 에필로그처럼 고요해졌다.

　그러나 그 고요는 끝이 아니라 또 다른 시작을 품고 있었다.

　햇살이 저물었지만, 사람들의 하루는 아직 절반이나 남아 있었다.

　아이 : "엄마, 왜 이렇게 조용해졌어요? 장터가 끝난 건가요?"

　엄마 : "아니란다, 얘야. 장터는 저물어도, 집집마다 저녁밥 짓는 소리, 아이들 웃는 소리, 노인들의 기침 소리가 이어지지. 하루는 절반을 지나왔을 뿐, 아직 끝나지 않은 거야."

　나그네가 그 말을 이어받았다.

　"삶도 그렇지 않은가. 우리는 종종 저녁을 하루의 끝이라 여기지만, 사실 그것은 또 다른 절반의 시작이지. 어둠 속에서 새벽을 준비하듯, 저녁은 내일을 부르는 서곡이라네."

　광대가 방울을 흔들며 사람들을 둘러보았다.

"허허, 낮의 소리는 크고 요란했지만, 저녁의 소리는 다르지. 이제는 작고 낮은 소리들이 모여 이야기를 만든다오. 같은 장터라 해도, 같은 노래라 해도, 소리가 달라지면 전혀 다른 풍경이 되는 법이지."

철학자가 잔을 들어 올리며 낮게 말했다.

"이것이 바로 저녁의 철학이라네. 마치 끝인 듯 다가오는 시간, 그러나 아직 절반에 불과한 시간. 낮의 합창이 삶의 외침이었다면, 저녁의 합창은 성찰의 노래이지. 우리는 그 성찰 속에서 다시 내일을 지을 힘을 얻는다네."

저잣거리에 불빛이 켜졌다.

불빛 아래 모여든 사람들의 얼굴은 낮과는 전혀 다른 빛을 띠고 있었다.

그들의 목소리는 더 작아졌지만, 오히려 더 깊었다.

낮의 소란이 열기였다면, 저녁의 대화는 여운이었다.

아이의 눈에는 그 여운이 마치 별빛처럼 번져 보였다.

"엄마, 저녁은 조용한데도 왜 이렇게 많은 소리가 들리는 것 같아요?"

엄마는 아이를 꼭 안으며 대답했다.

"얘야, 그건 낮에 우리가 흘린 말들이 아직 공기 속에 남아 있기 때문이란다. 소리는 사라지는 듯 보여도, 다시 살아 돌아오지."

에필로그 같은 저녁. 그러나 아직 하루의 절반.

그 속에서 저잣거리는 다시 내일을 부르는 목소리를 준비하고 있었다.

- 민중의 노래 = 단순한 흥얼거림이 아니라 삶을 견디는 집단의 목소리.
- 고단한 노동 속에서 불리어진 노래 → 고통을 흩어내고 서로를 위로.
- 말로 할 수 없는 분노와 슬픔 → 노래 속에서 풍자와 저항으로 표현.
- 장터의 노래 = 사람들을 하나로 묶는 공동체의 리듬.
- 세월이 흘러도 노래는 남아 → 기억과 전승의 힘.
- 오늘의 눈물과 웃음이 합쳐져 내일을 불러오는 희망의 울림.
▶▶ 민중의 노래는 단순한 음악이 아니라, 삶과 철학이 깃든 울림이었다.

저잣거리 말풍선

3장

말풍선의 철학

허공에 떠다니는 말

;

저잣거리의 하늘은 언제나 분주했다. 눈에 보이는 새나 연이 아니라, 사람들의 말풍선이 허공을 가득 메웠다.

장터에서 흥정을 하는 상인의 말은 네모난 말풍선으로 떠올랐고, 아이들의 웃음소리는 동그란 말풍선으로 날아다녔다. 술 취한 노인의 욕설은 톱니 모양의 말풍선이 되어 날카롭게 흩어졌다. 심지어 침묵조차 말풍선이 있었다. 글씨는 없고, 텅 빈 채로 둥둥 떠올라 사람들의 머리 위에서 부유했다.

나는 광대의 분장을 한 채, 그 풍경을 오래 지켜보았다. 사람들은 저마다 자신도 모르는 사이에 말풍선을 띄우고 있었다. 그것은 입에서 나오는 소리와 동시에 마음속의 무게였다.

"저 말은 장난일 뿐이야."

"아니, 저 말 속엔 눈물이 숨어 있구나."

나그네의 눈빛이 흔들렸다. 그는 허공을 떠다니는 수많은 말풍선들을 바라보았다. 겉으론 웃음소리처럼 가볍게 흘러가지만, 그 속엔 숨겨진 눈물과 한숨이 들어 있었다.

아이 : "정말요? 저는 그냥 장난 같은 말인 줄 알았는데요."

나그네 : "애야, 가벼운 장난 속에도 아픔이 숨어 있단다. 어떤 이는 웃으며 말하지만, 사실은 울고 싶은 마음을 감추는 경우도 있지."

엄마는 조용히 말을 보탰다.

"그래서 말은 함부로 흘려보내선 안 되는 거야. 누군가의 농담이 사실은 울음의 가장자리에 걸린 조각일 수도 있으니까."

광대가 방울을 울리며 고개를 끄덕였다.

"허허, 그렇지요. 내가 내뱉는 농담 중에도 눈물이 섞여 있소. 사람들이 나를 보고 웃지만, 그 웃음이 끝나고 난 뒤 홀로 있을 때, 내 농담이 나 자신을 찌를 때가 있거든. 웃음의 말풍선도 뒤집어 보면 눈물의 방울일 수 있소."

철학자가 잔을 내려놓으며 낮게 말했다.

"말은 겹겹의 층을 가진 존재라네. 겉으로는 웃음, 속으로는 눈물, 그 이면에는 다시 침묵이 숨어 있지. 허공에 떠다니는 말은 단순한 기호가 아니라, 인간의 심연을 드러내는 그림자라네."

아이의 눈에는 이제 말풍선들이 단순히 밝고 둥근 것이 아니라, 안쪽이 젖어 있는 듯 보였다.

어떤 것은 반짝이며 웃음을 담고 있었지만, 그 속에는 눈물이 고여 있었다.

아이 : "엄마, 저 말풍선은 빛이 나는데 안쪽이 젖어 있는 것 같아요."

엄마 : "그건 사람의 마음 때문이란다. 말은 마음을 닮아서, 웃는 얼굴 뒤에 눈물이 숨어 있기도 하지."

나그네는 마지막으로 중얼거렸다.

"우리는 모두 허공에 말을 띄우지만, 그 말은 빈 풍선이 아니네. 그 안에는 기쁨과 슬픔, 웃음과 눈물이 함께 들어 있다. 그래서 말풍선을 읽는다는 것은, 겉모습을 넘어 그 안의 눈물을 보는 일이기도 하지."

허공은 여전히 수많은 말풍선으로 가득했다.

그리고 그 말풍선들 속엔 웃음과 함께, 울음이 조용히 숨어 있었다.

말풍선의 겉과 속

;

말풍선은 겉으로 보이는 모양과 속에 담긴 뜻이 언제나 달랐다. 값 홍정에서 '싸다'라는 말은 사실 '내 지갑이 가볍다'는 고백이었고, '비싸다'라는 말은 '내 자존심은 더 무겁다'는 선언이었다.

나는 그런 말풍선을 볼 때마다 눈을 좇았다. 허공에 둥실 떠오른 풍선이 어떤 이의 손에 붙잡히는 순간을. 잡은 이가 웃으면 말은 선물이 되고, 발로 차면 모욕이 된다. 말은 그렇게 떠돌다 결국 사람의 심장에 가 닿았다.

"심장에 가 닿았다."

철학자의 목소리가 낮게 울리자, 장터 위 허공에 떠 있는 수많은 말풍선들이 더욱 또렷하게 보이는 듯했다.

겉으로는 둥글고 반짝이지만, 속은 저마다 다른 빛깔과 무게를 품고 있었다.

아이 : "엄마, 왜 어떤 말풍선은 환하게 빛나고, 어떤 건 어둡고 무거워 보여요?"

엄마 : "애야, 겉으로 드러난 말은 밝아 보일 수 있지만, 그 속에는 무겁고 어두운 마음이 담길 수도 있단다. 사람이 웃는 얼굴로 말해도, 속으론 울고 있을 수 있듯이."

나그네가 천천히 말을 이었다.

"겉과 속은 늘 다르지. 겉은 바람처럼 가볍지만, 속은 돌처럼 무거울 때가 있네. 그러나 그 무거움이야말로 사람의 심장에 가 닿는 진짜 힘이 되지."

광대는 방울을 흔들며 쓸쓸한 미소를 지었다.

"허허, 내 농담도 그렇소. 겉으론 웃음을 주지만, 그 속은 내 아픔일 때가 많지. 사람들은 내 겉모습만 보고 즐거워하지만, 정작 내 속은 울고 있을 때가 있다오."

철학자가 다시 잔을 내려놓았다.

"말풍선의 겉은 순간의 장식이네. 그러나 속은 영혼의 기록이지. 겉은 곧 흩어지지만, 속은 오래 남아 사람의 기억에 스며든다네. 그래서 말은 심장에 닿을 때 비로소 진실이 된다네."

아이의 눈에는 이제 말풍선들이 두 겹으로 보였다.

겉은 반짝이며 허공에 떠 있었지만, 그 안쪽에는 눈물, 기쁨, 두려움, 희망이 한데 섞여 있었다.

아이: "엄마, 그러면 우리는 겉말만 듣는 게 아니라 속말까지 들어야 하는 거군요?"

엄마: "그렇지. 귀로만 듣지 말고 마음으로 들어야 속까지 보이게 되지."

허공을 떠다니던 말풍선 하나가 조용히 내려와 나그네의 어깨에 닿았다.

그 순간 그는 속으로만 담아두었던 아픔을 느꼈다.

그것은 웃음의 말풍선이었지만, 속에는 오래된 슬픔이 차올라 있었다.

나그네는 눈을 감으며 중얼거렸다.

"겉은 허공을 떠다니지만, 속은 결국 사람의 심장에 가 닿는다네."

터지는 순간

;

말풍선은 오래 버티지 못했다. 누군가의 칼날 같은 말에 찔리면 터졌고, 바람이 빠지기도 했다. 그때 드러나는 것은 말의 알맹이였다. 어떤 말은 달콤한 과일처럼 속이 부드러웠고, 어떤 말은 돌처럼 차갑고 단단했다.

나는 그 알맹이를 모아 손바닥 위에 올려 보았다. 손에 쥔 말의 무게가 사람의 삶의 무게와 다르지 않았다.

"거짓은 가볍지만, 오래 들고 있으면 손에 상처를 낸다."

"진실은 무겁지만, 오래 들고 있어도 손을 단단히 만든다."

철학자의 말이 끝나자, 허공에 떠 있던 말풍선 하나가 갑자기 펑! 하고 터졌다.

그 순간, 장터는 잠시 숨을 죽였다.

아이 : "엄마, 말풍선이 사라졌어요. 이제 없어져 버린 거예요?"

엄마 : "아니란다, 애야. 말풍선은 터지는 순간에야 속을 드러내는 거야. 겉이 깨져야 안에 담긴 게 세상으로 퍼져나오지."

나그네가 조용히 덧붙였다.

"말이란 것이 그렇지. 오래 품고 있으면 무겁지만, 터져 나오는 순간 비로소 누군가의 귀와 가슴을 울리지. 말풍선이 터진다 함은 곧 감춰진 진실이 세상에 드러나는 때라네."

광대가 쓸쓸하게 웃었다.

"허허, 그래서 어떤 농담은 터져야 진짜 힘을 갖지요. 웃음소리가 큰 이유는 그 안에 오래 눌러 둔 눈물과 분노가 한꺼번에 터져 나오기 때문 아니겠소?"

철학자가 천천히 고개를 끄덕였다.

"터지는 순간은 파괴가 아니라 해방이지. 말풍선이 깨지며 흩날린 조각은 새로운 씨앗이 되어 흩어지고, 그 파편이 다른 이의 마음을 열지. 그래서 진실은 무겁지만, 터진 후에는 오히려 가볍게 날아다니며 더 많은 이들에게 스며든다네."

아이의 눈에는 허공을 가득 메운 작은 파편들이 반짝이는 별처럼 흩어져 보였다.

그것은 사라진 것이 아니라, 새로운 노래로 변해 장터 위에 흩어지는 듯했다.

아이 : "엄마, 말풍선이 터져서 사라진 게 아니라, 노래가 된 거네요."

엄마 : "그래, 애야. 말은 사라지지 않아. 터지는 순간, 세상에 울림이 되지."

저잣거리는 다시 소란을 되찾았다.

그러나 그 소란 속에는 방금 터진 말풍선의 울림이 잔향처럼 남아 있었다.

누군가는 그것을 슬픔으로, 누군가는 웃음으로, 또 누군가는 새로운 다짐으로 받아들였다.

그 순간, 사람들은 깨달았다.

말풍선이 터지는 순간, 그것은 단순한 소리가 아니라 삶을 바꾸는 울림이 된다는 것을.

철학의 장터

;

　나는 속으로 물었다. 말은 왜 하늘로 떠올라야 하는가? 마음속에 가둬 두면 안 되는가? 그러나 곧 대답이 떠올랐다. 말은 혼자 들기엔 너무 무겁기 때문이다. 그래서 우리는 그것을 풍선처럼 띄워 서로에게 보이고, 잠시 함께 들어 준다.

　"말풍선은 마음의 짐을 공중에 맡기는 장치다."

　나는 아이들에게 손짓했다. 아이들은 장난처럼 서로의 말풍선을 터뜨리고, 붙이고, 바꿔 들었다. 그들의 놀이 속에는 이미 철학이 숨어 있었다.

　"아이들은 말이 허공에서 서로 섞이는 법을 본능적으로 알고 있었다."

　철학자의 말은 조용했지만, 장터를 가득 메운 소리보다 더 깊게 울려 퍼졌다.

　사람들은 장터에 모여들며 흥정을 하고, 웃고, 다투고, 노래했다. 겉으로 보기엔 단순한 장사와 교환의 자리였지만, 그 안에는 이미 철학이 살아 있었다.

　아이 : "엄마, 장터가 철학을 하는 곳이라고요? 철학은 책 속에만 있는 거 아니에요?"

　엄마 : "애야, 철학은 책 속에만 있는 게 아니란다. 우리가 오늘 하루를 어떻게 살아야 할지, 옳고 그름이 무엇인지, 웃음과 눈물이 어디서 오는지를 묻는 게 철학이지. 장터는 그런 물음이 모이는 곳이란다."

나그네가 말을 보탰다.

"나는 먼 길을 걸으며 많은 도시와 시장을 보았네. 그러나 모든 장터가 품은 공통점이 있었지. 사람들은 흥정을 통해 단순히 물건의 값을 정하는 것이 아니라, 서로의 삶의 가치를 묻고 답한다는 점이네. '이 값은 너무 비싸다'라는 말은 곧 '내 삶은 이만큼 소중하다'는 선언이고, '깎을 수 없다'는 대답은 '내 노동과 수고를 존중해 달라'는 요청이지. 결국 장터의 언어는 철학의 언어였네."

광대가 방울을 흔들며 웃음을 섞었다.

"허허, 맞는 말씀이지요. 내가 농담을 던질 때도 사실은 철학을 하는 거요. 사람들은 웃다가도 속으로 '저 말이 정말 맞는 말일지도 몰라' 하고 생각하거든. 웃음은 단순한 소리가 아니라, 권력과 현실을 비추는 거울이오. 그러니 광대도 철학자와 다를 게 없다오. 다만 나는 책 대신 웃음을, 질문 대신 농담을 사용하는 것뿐이지."

철학자가 고개를 끄덕였다.

"맞네. 철학은 거창한 학문이 아니라 삶의 자리에서 태어난다네. 장터에서 흘린 한숨은 '인간이란 무엇인가?'를 묻고, 여인들의 수다는 '행복이란 무엇인가?'를 성찰하게 하지. 그리고 작은 도둑의 사건은 '정의란 무엇인가?'를 우리에게 던져 주지 않던가. 결국 장터는 곧 철학의 장터라네. 삶이 모여 질문을 낳고, 질문이 다시 삶을 비추는 자리이지."

아이의 눈이 반짝였다.

"그럼, 저도 철학을 할 수 있는 거예요?"

엄마가 아이의 손을 꼭 잡으며 대답했다.

"물론이지. 네가 '왜?'라고 묻는 순간, 이미 철학은 시작된 거란다."

아이 : "왜 사람들은 웃다가도 울어요?"

나그네 : "그건 웃음과 눈물이 같은 뿌리에서 나왔기 때문이지."

광대 : "왜 권력자는 웃음을 두려워하지?"

철학자 : "웃음 속에 저항이 숨어 있기 때문이지."

저녁이 깊어 가면서 장터의 불빛이 하나둘 켜졌다.

사람들의 말풍선은 허공에 떠올라 서로 부딪히고, 흩어지고, 다시 엮였다. 그 모습은 마치 거대한 대화의 장(場), 곧 철학의 무대 같았다.

철학자는 마지막으로 이렇게 정리했다.

"철학은 저잣거리에서 시작했네. 소크라테스가 아테네의 광장에서 질문을 던졌듯, 우리 또한 장터에서 살아가는 말 속에서 철학을 만난다네. 허공에 흩뿌려진 말풍선 하나하나가 사실은 질문이고, 그 질문들이 모여 삶의 답을 만드는 것이라네."

그 순간, 아이는 허공에 둥둥 떠 있는 말풍선 하나를 가리켰다.

겉모습은 웃음이었지만, 속에는 깊은 물음이 담겨 있었다.

"엄마, 저건 농담 같지만 사실은 질문이네요."

엄마는 미소를 지으며 대답했다.

"그래, 애야. 모든 말은 질문이란다. 그리고 질문 속에서 우리는 비로소 살아 있음을 알게 되지."

장터는 다시 소란스러웠지만, 그 소란 속에는 묵직한 울림이 배어 있었다. 사람들은 본능적으로 알고 있었다.

저잣거리가 곧 철학의 장터라는 것을.

대화의 실험

;

한 사내가 내 앞에 다가왔다. 그는 손에 빈 바가지를 들고 있었다.

"광대, 내 말풍선은 왜 자꾸 터지는가."

나는 바가지를 바라보다 대답했다.

"그릇이 너무 작아서 그렇소. 큰 바가지에 담아 보게. 마음을 넓히면 말도 오래 뜨지."

그 사내의 눈 위에 새로운 말풍선이 떠올랐다. 그 안에는 작은 글씨로 '여유'라고 적혀 있었다. 그는 그 글씨를 읽고 고개를 끄덕였다. 허공에 떠오른 글씨 하나가 사람의 하루를 바꾸는 순간이었다.

철학자의 말이 끝나자 장터 한쪽에서 잠시 정적이 흘렀다.

그러나 곧 누군가가 손을 들며 외쳤다.

"그렇다면 우리도 한번 시험해 보지 않겠소? 여기서 대화를 해보자는 거요!"

사람들은 흥미로웠는지 모여들기 시작했다.

나그네, 광대, 상인, 여인, 아이까지, 저마다의 말풍선이 허공에 떠올랐다.

장터는 곧 하나의 실험실이 되었다.

아이 : "왜 사람들은 물건을 사고파나요?"

상인 : "그건 살아가기 위해서지. 내 손의 노동이 곧 네 입의 양식이 되니까."

광대 : "나는 이렇게 묻고 싶네. 왜 권력자는 웃음을 두려워하는가?"

철학자 : "웃음 속엔 진실이 숨어 있어서지. 웃음은 가면을 벗기는 칼날이기도 하네."

나그네 : "내가 길 위에서 본 모든 장터는 서로 다른 소리를 내지만, 결국 하나의 합창으로 귀결되더군. 그렇다면 '다름'이란 무엇인가? 다름 속에 어떻게 같은 노래가 피어나는가?"

사람들은 저마다 다른 대답을 내놓았고, 대답들은 허공에서 부딪히며 또 다른 질문을 낳았다.

철학자가 마무리하듯 중얼거렸다.

"이것이 바로 대화의 실험이라네. 대화는 언제나 실패할 수 있지만, 그 실패 속에서 우리는 더 깊은 물음을 얻게 되지. 대화란 완성된 답을 찾는 자리가 아니라, 서로의 말풍선을 교환하는 자리일 뿐. 허공에 떠 있는 풍선들이 서로 스치며 빛을 내듯, 우리의 대화도 그렇게 새로운 길을 열어 주는 것이라네."

아이의 눈에는 장터가 거대한 실험실처럼 보였다.

각기 다른 말풍선이 부딪히며 색깔을 바꾸고, 모양을 달리하고, 때로는 터져서 속을 드러냈다.

그 모습은 혼란스럽지만, 동시에 아름다웠다.

아이 : "엄마, 대화는 정답을 찾는 게 아니군요?"

엄마 : "그래, 얘야. 대화는 서로의 마음을 시험해 보고, 다른 빛깔을 섞어 보는 실험이지. 그 과정에서 우리는 조금 더 깊어지고, 조금 더 넓어지는 거란다."

장터의 소란은 다시 살아났지만, 그 속엔 전과 다른 울림이 있었다.

사람들은 이제 알았다.

저잣거리의 대화는 하나의 실험이자, 삶을 배우는 가장 큰 학교라는 것을.

철학적 사유

;

저잣거리는 책장이 없는 도서관이었다. 말풍선이 책장이었고, 그 안에 담긴 말이 글자였다. 사람들은 매일 서로의 풍선을 읽고, 찢고, 던지고, 다시 쓰고 있었다. 그 안에서 살아가는 것이 곧 배움이었다.

나는 광대의 모자를 눌러 쓰며 스스로에게 물었다.

"나는 오늘 어떤 말풍선을 띄웠는가?"

"그 말풍선은 누군가의 가슴에 닿았는가?"

내 대답은 늘 같았다. 정답은 없다. 그러나 허공에 띄운 말이 누군가의 하루를 잠시 가볍게 했다면, 그것으로 족했다.

결론 : 말풍선의 철학

;

　말은 땅에 묶이면 짐이 되고, 하늘에 띄우면 풍선이 된다. 그래서 사람들은 매일 풍선을 불고, 또 터뜨린다. 그 끝없는 순환이 바로 삶이었다.

　"말풍선은 허공에 그린 다리다. 그 다리를 건너며, 우리는 서로의 마음에 닿는다."

　나는 오늘도 말풍선을 터뜨리며 웃음을 팔았다. 그러나 웃음 뒤에 숨은 진실은, 말이 곧 철학이라는 사실이었다. 저잣거리는 그 철학을 매일 새롭게 연주하는 합창의 무대였다.

　장터의 소란이 잠시 가라앉자, 사람들은 저마다 자기 자리로 흩어졌다. 그러나 방금 오간 말풍선들은 여전히 허공을 맴돌며 조용한 울림을 남겼다. 그 울림은 대화의 잔향처럼 퍼져, 누군가의 생각을 흔들고 또 다른 이의 마음을 깨웠다.

　철학자가 눈을 감고 낮게 말했다.

　"철학적 사유란, 바로 지금 우리가 겪은 순간이라네. 대화가 멈춘 뒤에도 남는 여운, 허공에 흩뿌려진 말풍선의 잔향 속에서 탄생하지. 눈에 보이지 않아도, 그 침묵 속에서 사유는 자라네."

　아이 : "근데 아저씨, 생각은 눈에 안 보이잖아요. 그럼 사유도 말풍선처럼 떠다니는 건가요?"

　철학자 : "그렇지. 생각도 말과 같다네. 오늘은 네 머릿속에서만 맴도는 풍선일지라도, 언젠가는 말이 되어 흘러나오고, 다른 이의 마음에

닿지."

엄마가 덧붙였다.

"그래서 우리가 하는 말은 조심해야 해. 사유가 곧 말이 되고, 말이 곧 누군가의 삶이 되니까."

나그네는 장터를 둘러보며 중얼거렸다.

"철학은 먼 서재에서만 태어나는 게 아니네. 이곳, 소란스러운 장터에서조차 사람들의 숨결과 한숨 속에 철학이 있다. 왜냐면 사유는 삶에서 비롯되니까. 웃음, 눈물, 흥정, 다툼… 모든 순간이 다 질문을 낳지 않는가."

광대가 방울을 굴리며 씩 웃었다.

"허허, 맞소. 내가 던진 농담 하나가 사람들을 웃기고, 또 어떤 이에겐 오래 생각할 거리를 주기도 하지. 웃음이 단순한 해프닝 같아도, 그 속에서 사유가 피어날 수 있지 않겠소?"

철학자가 마지막으로 정리했다.

"철학적 사유란, 바로 삶이 남긴 자국을 곱씹는 일이네. 저잣거리에 흩뿌려진 말풍선 하나하나가 결국은 인간이란 무엇인가를 묻는 물음이 되지. 그 물음을 잊지 않고 붙잡는 것, 그것이야말로 우리가 해야 할 일이라네."

그 순간 아이는 장터 위를 떠다니는 작은 말풍선 하나를 바라보았다.

겉으로는 농담이었지만, 속에는 "나는 누구인가?"라는 질문이 숨어 있었다.

아이의 가슴이 두근거렸다. 그 말풍선이 조용히 그의 심장에 닿았기 때문이다.

말풍선 요약 메모

- 말풍선은 단순한 대화의 장식이 아니라 사유의 공간.
- 장터에서 튀어나온 말은 순간의 소리지만, 곧 민중의 진실을 담는 그릇.
- 웃음과 풍자, 울음과 절규 등 모두가 말풍선 속에 기록됨.
- 권위의 언어는 무겁고 닫혀 있었으나, 민중의 말풍선은 가볍고 열린 울림.
- 말풍선은 허공에 떠 있다 사라지는 것 같지만, 사람들의 기억 속에서 내일로 이어짐.
- 저잣거리의 말풍선은 언어의 실험실, 삶과 철학이 교차하는 장.
▶ 말풍선은 순간을 담되, 역사와 내일을 이어 주는 철학적 흔적이었다.

4장

권위의 언어 vs 민중의 언어

명령과 웃음의 충돌

;

　저잣거리에 관청의 깃발이 들어올 때, 공기는 단숨에 굳었다. 아전들이 펴 든 문서에는 붉은 도장이 찍혀 있었고, 글자는 똑바로 서 있었다. 그 글자들은 칼과 같았다. 꺾이지 않고, 웃지 않고, 오직 베기 위해 세워진 듯했다.

　"금일 이후로는 장세를 배로 올린다. 불응하는 자는 곤장을 친다."

　사람들의 말풍선이 한순간 얼어붙었다. 아이들의 웃음도, 상인들의 호객도, 여인들의 노래도 잠시 줄었다. 권위의 언어는 무겁고 날카로워서, 허공에 뜬 다른 모든 말풍선을 찌그러뜨렸다.

　그러나 광대의 모자 아래서 나는 보았다. 얼어붙은 침묵 뒤, 다시 작은 말풍선이 기어 나오는 것을. 누군가가 속삭였다.

　"배로 올린다더니, 배가 고픈 우리더러 더 내라는 소리구먼."

　속삭임은 속담이 되었고, 속담은 웃음을 불렀다. 웃음은 다시 노래를 깨웠다. 민중의 언어는 언제나 권위의 언어에 균열을 내는 미세한 망치였다.

　"짐의 뜻이 곧 법이다."

　성 안 높은 누각에서 울려 퍼지는 목소리는 돌벽처럼 단단했다. 관리들은 그 목소리를 받아 적어 백성 앞에 공표했다.

　"세금을 늘린다."

　"장터의 거래를 단속한다."

　"무질서한 소리를 내는 자는 처벌한다."

권위의 언어는 언제나 단호했고, 틈을 허락하지 않았다. 그것은 질문이 아니라 선언이었고, 설득이 아니라 명령이었다.

그러나 성문을 조금만 벗어나 장터에 이르면 풍경은 달라졌다.

"이리 오시오, 값싸게 드려요!"

"아이고, 이런 값이면 집안 거덜나겠네!"

"허허, 그래도 나처럼 인심 좋은 장사꾼 보셨소?"

사람들의 목소리는 서로 부딪히고 뒤엉켜 소란을 만들었다.

한쪽에서는 흥정이 벌어지고, 다른 한쪽에서는 노랫가락이 흘렀다. 아이들의 울음과 광대의 웃음이 겹쳐지며 장터는 끊임없이 파도치는 소리의 바다가 되었다.

아이 : "엄마, 왜 성 안에서는 다들 조용한데, 장터에서는 이렇게 시끄러워요?"

엄마 : "성 안의 말은 무겁고, 장터의 말은 가볍기 때문이지. 하지만 애야, 가벼운 말이 더 멀리 날아가기도 한단다."

나그네가 덧붙였다.

"맞네. 권위의 언어는 돌처럼 무거워 땅에 떨어지지만, 민중의 언어는 바람을 타고 퍼지지. 그래서 웃음은 금령보다 오래가고, 풍자는 칼날보다 날카롭다네."

광대가 방울을 흔들며 소리쳤다.

"허허, 그럼 내가 내뱉는 농담은 돌보다 가볍지만, 때론 성벽보다 더 높이 날아간다는 말씀이구려? 왕이 '조용히 하라'고 명령해도, 내 웃음소리 하나가 저잣거리를 가득 메우니 그게 바로 증거 아니겠소?"

사람들은 크게 웃었지만, 그 웃음 속에는 묘한 쓸쓸함이 섞여 있었다. 웃음은 권위를 흔드는 힘이자, 동시에 살아남기 위한 민중의 방패였기 때문이다.

철학자가 술잔을 내려놓으며 중얼거렸다.

"명령과 웃음은 본질적으로 충돌할 수밖에 없다네. 명령은 침묵을 강요하지만, 웃음은 침묵을 깨뜨리기 때문이지. 권위의 언어는 하나의 목소리만을 원하지만, 민중의 언어는 끝없이 퍼져 나가는 다성多聲의 합창이지. 이 충돌은 단순한 말싸움이 아니라, 삶과 권력의 근본적 대립이라네."

아이 : "그럼 웃음이 더 세요, 명령이 더 세요?"

철학자 : "둘은 힘의 방식이 다르단다. 명령은 순간을 장악하지만, 웃음은 시간을 이기지. 명령은 종이에 적혀 사라지지만, 웃음은 사람의 가슴에 남아 세대를 넘어 흘러가네."

장터 위 허공에는 두 가지 말풍선이 떠올랐다. 하나는 뾰족하고 무거운 명령의 말풍선, 다른 하나는 둥글고 가벼운 웃음의 말풍선이었다. 명령은 잠시 사람들의 입을 막았지만, 웃음은 곧 다시 번져 나가 사람들의 어깨를 들썩이게 했다.

나그네 : "돌은 단단하지만, 결국 물에 닳아 사라지지. 웃음은 가볍지만, 파도처럼 끝없이 돌아와 사람을 휩쓸지. 그러니 어느 쪽이 오래 가는지는 결국 시간이 말해 주겠지."

그날 저녁, 성 안에서는 "조용히 하라"는 명령이 다시 내려졌다. 그러나 장터에서는 여전히 광대의 농담이 울려 퍼졌다.

사람들은 빵을 사며 웃었고, 흥정을 하며 농을 주고받았다.

권위의 언어는 기록으로 남았지만, 민중의 웃음은 사람들의 삶 속에 스며들었다.

철학자가 마지막으로 정리했다.

"명령과 웃음의 충돌, 그것이 바로 역사의 무대라네. 권위는 권력을 지키려 명령을 내리지만, 민중은 삶을 지키려 웃음을 터뜨리지. 결국

저잣거리 말풍선

역사를 움직이는 건 돌처럼 무거운 명령이 아니라, 바람처럼 가벼운 웃음이라네."

저잣거리는 다시 소란으로 가득 찼다.

누군가는 여전히 명령을 두려워했지만, 누군가는 웃음으로 그 두려움을 이겨냈다.

아이의 눈에 비친 말풍선은 분명했다.

뾰족한 명령의 말풍선은 금세 흩어졌고, 둥근 웃음의 말풍선은 하늘 높이 떠올라 별빛처럼 반짝였다.

권위의 언어

;

권위의 언어는 단정하다. 늘 주어와 술어가 정확히 맞아떨어지고, 여백이 없다. 글자는 각이 져 있고, 목소리는 위에서 아래로 떨어진다.

"이는 나라의 법이요, 이는 관청의 명령이다."

그 속에는 의문이 없다. 질문을 허용하지 않는다. 권위의 언어는 답만을 가지고 있으며, 그 답은 오직 하나뿐이다.

나는 그 언어를 들을 때마다 숨이 막혔다. 마치 문장이 아니라 돌덩이를 삼키는 기분이었다. 삼킨 자는 배가 무겁고, 삼키지 못한 자는 곤장을 맞았다. 이것이 권위의 언어가 지닌 냉혹한 운명이었다.

성문 앞에 서 있던 관리들은 명령을 적은 두루마리를 펼쳐 들며 사람들에게 읽어 내려갔다.

"장터에서의 노래를 금한다."

"값을 함부로 깎는 자는 죄를 묻겠다."

"떠도는 말을 퍼뜨리는 자는 처벌한다."

명령은 무겁게 내려왔고, 백성들은 그 말들을 억지로 삼켜야 했다. 삼킨 자는 목이 막히고 배가 무거워졌고, 삼키지 못한 자는 곤장을 맞았다.

아이 : "엄마, 왜 저 아저씨들은 그렇게 무서운 말만 해요?"

엄마 : "애야, 그건 권위의 언어란다. 힘을 가진 자들이 자신들의 질서를 지키려고 내뱉는 말이지. 그 말은 대화가 아니라 선언이고, 질문이 아니라 명령이란다."

저잣거리 말풍선

나그네가 고개를 저으며 말했다.

"나는 길 위에서 수많은 나라를 지나왔네. 어느 나라에서든 권위의 언어는 비슷했지. 그들은 법과 명령의 이름으로 말했지만, 그 안에는 늘 두려움이 숨어 있었네. 두려움은 스스로를 지키기 위해 무거운 말을 낳지. 그 무게에 짓눌린 것은 결국 백성이었네."

광대가 방울을 울리며 씁쓸히 웃었다.

"허허, 무겁기만 한 말은 결국 누구도 웃게 만들지 못하오. 왕의 말은 화려한 금빛 두루마리에 적히지만, 그 말 속에는 웃음도, 눈물도 없지. 그렇다 보니 사람들은 겉으론 고개를 끄덕이지만 속으론 점점 귀를 닫게 되지 않겠소?"

철학자가 잔을 내려놓으며 천천히 말을 이었다.

"권위의 언어는 배를 채우는 음식이 아니라, 목을 막는 돌멩이와 같네. 억지로 삼켜야 하는 말은 소화되지 않고 속을 무겁게 만들 뿐이지. 그러나 더 무서운 건 삼키지 못한 자가 당하는 벌일세. 곤장은 단순히 육체를 때리는 게 아니라, 말할 권리를 꺾는 것이지."

아이의 눈에는 관리들의 말풍선이 다른 이들의 것과 달라 보였다. 민중의 말풍선은 둥글고 가볍게 허공에 떠 있었지만, 관리들의 말풍선은 네모지고 무거워 곧바로 땅으로 떨어졌다.

아이 : "엄마, 왜 저 말풍선은 하늘에 못 뜨고 땅에 떨어져요?"

엄마 : "그건 무거운 말이기 때문이란다. 권위의 언어는 위로 떠오르지 못하고, 결국 사람들을 짓누르지."

나그네가 덧붙였다.

"권위의 언어는 잠시 사람들을 굴복시키지만, 오래 남지는 못하네. 왜냐하면 사람들의 기억은 무거운 것을 버리려 하기 때문이지. 억압은 두려움을 낳지만, 그 두려움은 곧 분노로 바뀌네. 그래서 권위의 언어는 결국 자기 자신을 닳게 만드는 돌이 되지."

광대가 장터 사람들을 향해 소리쳤다.

"들으시오! 삼킨 자는 배가 무겁고, 삼키지 못한 자는 곤장을 맞았다지요. 그러나 웃는 자는 그 무거운 돌을 밖으로 뱉어낼 수 있소! 웃음은 권위의 언어가 삼킬 수 없는 유일한 말이오!"

사람들은 웃음을 터뜨렸고, 그 웃음은 관리들의 얼굴을 붉게 만들었다.

철학자가 다시 정리했다.

"권위의 언어는 힘의 이름으로 살아남지만, 그것은 종이 위에서만 생명을 가진다네. 민중의 언어는 흙과 바람, 노래와 웃음 속에서 살아남고, 그것은 사람들의 가슴에 새겨진다네. 권위는 돌처럼 무겁지만, 민중의 말은 강물처럼 흘러 결국 돌을 닳게 하지."

저녁 빛이 장터를 덮자, 관리들의 목소리는 멀어지고, 민중의 웅성거림이 다시 살아났다.

무겁고 단단한 권위의 언어는 종이에 갇혀 있었지만, 가벼운 민중의 언어는 노래로, 풍자로, 속담으로 다시 흘러나왔다.

그리고 모두는 알았다.

삼킨 자는 배가 무겁고, 삼키지 못한 자는 곤장을 맞았다. 그러나 웃는 자는 자유로웠다.

민중의 언어

;

　민중의 언어는 다르다. 속담과 풍자, 노래와 웃음으로 흘러나온다. 정답이 아니라 질문으로 가득하다.

　"윗물이 맑아야 아랫물이 맑다지, 그런데 왜 맑은 걸 찾으러 다니나."

　"법은 글에 있지만, 배고픔은 배에 있다네."

　민중의 언어는 장터의 흙처럼 부드럽고 질겼다. 누군가 밟으면 모양이 변하지만, 곧 다시 제 모습으로 돌아왔다. 웃음이 권위에 맞서는 방식은 칼이 아니라 물결이었다. 물결은 부드럽지만, 결국 돌을 닳게 한다.

　철학자의 목소리는 장터의 흙바닥에 스며드는 빗방울처럼 낮고 단단했다. 명령의 언어가 돌이라면, 민중의 언어는 그 돌을 끊임없이 적시는 물이었다. 겉으론 가벼워 보이고 흩어져 보였지만, 오랜 시간 모이고 스며들면 결국 가장 단단한 것도 깎아냈다.

　민중의 언어는 다양했다. 흥정의 소리, 속담과 농담, 노랫가락, 때로는 비속어. 그것들은 규율이나 법령처럼 질서정연하지 않았지만, 오히려 그래서 더 강했다. 삶에서 흘러나온 말이기에, 사람들의 배와 손, 심장에서 비롯된 말이기에 멈출 수 없었다.

　아이 : "엄마, 왜 장터에서는 다들 자기 마음대로 말하는 것 같아요?"

　엄마 : "그게 바로 민중의 언어란다. 자유롭게 부딪히고 섞이고, 그래서 더 멀리 가는 거야. 왕이 내리는 명령은 종이에 적혀 있지만, 민중의 말은 입에서 입으로 전해지지."

　나그네가 덧붙였다.

"길 위에서 나는 늘 같은 소리를 들었네. 저잣거리마다 속담이 달랐지만, 그 속뜻은 같았다네. '윗물이 맑아야 아랫물이 맑다'고 말하기도 하고, '윗사람 하는 꼴 보고 아랫사람 배운다'고 말하기도 하지. 표현은 달라도, 결국 권력과 삶의 부조리를 꿰뚫는 건 민중의 언어였네."

광대가 방울을 흔들며 장터를 가리켰다.

"허허, 저기 보시오! 어떤 이는 물건을 팔며 노래를 붙이고, 어떤 이는 흥정을 풍자로 바꿔 웃음을 자아내지 않소? 비록 글로 기록되지는 않지만, 이런 말들이야말로 사람들의 마음에 오래 남는다오. 민중의 언어는 날카롭지도 않고, 위협적이지도 않지만, 결국 모든 걸 파고드는 힘을 지녔지요."

사람들이 박장대소했다. 그 웃음소리마저 권력의 명령을 무너뜨리는 파동처럼 울려 퍼졌다.

철학자가 술잔을 내려놓으며 정리했다.

"민중의 언어는 겉으로는 약해 보이지만, 그 힘은 지속에 있네. 명령의 언어는 순간을 지배하지만, 민중의 언어는 세월을 지배하지. 한 번 내뱉은 속담, 한 번 터진 웃음은 사라지는 듯 보여도 입에서 입으로, 세대에서 세대로 이어진다네. 결국 그것은 돌을 닳게 하지 않던가."

아이의 눈에는 장터 위 허공을 떠다니는 수많은 말풍선이 보였다. 각각은 작고 가볍지만, 그 말풍선들이 모여 거대한 강물처럼 흘러갔다.

아이 : "엄마, 작은 말들이 모이면 강이 되는 거군요."

엄마 : "그래, 애야. 강은 바위를 부수지 않고도 길을 내지. 민중의 언어도 그렇단다. 억압을 깨뜨리는 게 아니라, 스스로 길을 만들어 내는 거야."

그날 저녁, 성 안에서는 또다시 단속령이 내려졌다.

"풍자와 노래를 금한다."

"비속어를 쓰는 자는 벌을 준다."

하지만 장터는 잠시 조용해졌다가 곧 다시 웅성거림으로 가득 찼다.

한 아이가 속삭였다.

"이 빵은 돌보다 단단하다."

주변 사람들이 웃음을 터뜨리자, 그 웃음은 삽시간에 번져 나갔다. 명령은 기록되었으나, 민중의 언어는 노래와 농담으로 다시 살아났다.

철학자가 마지막으로 덧붙였다.

"민중의 언어는 땅의 언어라네.

권위의 언어가 하늘에서 떨어지는 벼락이라면, 민중의 언어는 땅 밑에서 끝없이 솟아나는 샘물이지. 벼락은 잠시 두렵지만, 샘물은 목숨을 이어 준다네. 그래서 권위의 언어가 아무리 돌처럼 단단해 보여도, 결국 샘물 같은 민중의 언어 앞에 닳아 사라지는 것이지."

장터는 다시 노래로 가득 찼다. 사람들은 흥정을 하고, 웃고, 아이들은 장난을 치며 언어를 이어갔다.

권위의 언어는 문서 속에서 먼지가 되어 갔지만, 민중의 언어는 여전히 입에서 입으로 이어졌다.

그리고 모두는 알고 있었다.

민중의 언어는 돌을 닳게 한다는 것을.

대립의 현장

;

아전이 세금을 읽어 내려갈 때, 사람들의 말풍선은 칙칙했다. 그러나 한 아이가 작은 목소리로 외쳤다.

"아버지가 말하길, 세금은 바람 같다고 했어요. 불어도 잡을 수 없다고요."

사람들이 킥킥 웃었다. 아이의 말풍선은 작았지만, 권위의 언어를 무력하게 만들기에 충분했다. 그 순간, 민중의 언어는 모두의 입으로 번졌다. 누군가는 속담으로, 누군가는 노래로, 누군가는 농담으로 권위의 문장을 희롱했다.

나는 그 광경을 보며 깨달았다. 권위의 언어는 위에서 아래로 떨어지고, 민중의 언어는 아래에서 위로 솟는다. 하나는 짓누르고, 다른 하나는 비집고 올라온다. 결국 둘은 충돌하며, 충돌의 자리에 진실이 깃든다.

철학자의 말이 장터 위에 떨어지자, 사람들은 잠시 숨을 죽였다. 하지만 침묵은 오래가지 않았다. 곧 웅성거림과 외침이 장터를 흔들었고, 그곳은 말 그대로 대립의 현장이 되었다.

성 안에서 내려온 관리들이 장터로 들어왔다.

그들의 언어는 차갑고 단호했다.

"허가받지 않은 노래는 금한다."

"비속어를 쓰는 자는 처벌하겠다."

"풍자와 농담은 질서를 해친다."

권위의 언어는 마치 칼날처럼 날카로웠다. 그러나 장터 사람들은 물러서지 않았다.

여인 하나가 소리쳤다.

"아침마다 우리는 아이들을 먹여 살리려고 여기 오는 것이오!

노래 없인 힘을 낼 수 없고, 농담 없인 하루를 버틸 수 없는데, 그것마저 금한다는 게 무슨 말이오?"

광대가 방울을 울리며 맞장구쳤다.

"허허, 명령은 돌처럼 무겁지만, 우리 웃음은 파도처럼 가볍지! 돌이 아무리 단단해도 파도 앞에서는 닳는 법 아니겠소?"

사람들은 박수와 환호로 화답했다.

아이 : "엄마, 왜 관리 아저씨들이랑 장터 사람들이 싸우는 거예요?"

엄마 : "애야, 권위는 침묵을 원하고, 우리는 목소리를 원하기 때문이지. 싸움은 그 차이에서 시작되는 거란다."

나그네가 조용히 말했다.

"나는 길 위에서 많은 대립을 보았네. 권위와 민중의 언어는 늘 충돌하지만, 그 충돌 속에서만 진실이 드러나지. 강과 바위가 부딪쳐야 길이 생기듯, 말과 말이 부딪쳐야 삶의 길도 열리네."

철학자가 덧붙였다.

"맞네. 충돌은 혼란이지만 동시에 창조라네. 권위의 언어와 민중의 언어가 부딪치는 자리, 바로 그 현장이야말로 역사가 쓰이는 곳이지."

장터는 점점 뜨거워졌다. 관리들은 단속을 외쳤고, 민중은 웃음과 노래로 맞섰다. 명령과 농담, 금지와 풍자가 한데 얽혀 거대한 소용돌이를 만들었다.

그때 갑자기 한 소년이 앞으로 나섰다.

"제발 멈추세요! 우린 그저 살고 싶은 거예요. 빵을 얻고, 웃음을 나누고, 내일을 버티려는 거라구요!"

소년의 외침은 단순했지만, 장터를 가득 메운 어떤 말보다도 힘이 있었다.

철학자가 눈을 감고 중얼거렸다.

"보라, 충돌의 자리에 진실이 깃드는 것을. 권위의 언어와 민중의 언어가 맞부딪치는 바로 이 순간, 우리는 인간이 무엇을 원하는지 본능적으로 깨닫는다네. 살고자 하는 의지, 함께 웃고자 하는 열망, 그것이 진실이라네."

저녁노을이 장터를 붉게 물들였다.

관리들의 목소리는 여전히 단호했지만, 민중의 언어는 사라지지 않았다.

속담과 풍자, 웃음과 눈물이 어우러져 장터 위에 울려 퍼졌다.

아이의 눈에는 두 개의 말풍선이 보였다.

하나는 검고 단단한 권위의 말풍선, 다른 하나는 빛나며 흔들리는 민중의 말풍선. 둘은 충돌했지만, 그 충돌 속에서 새로운 빛이 흘러나왔다.

엄마는 아이의 손을 꼭 잡으며 말했다.

"얘야, 기억해라. 싸움은 무섭지만, 그 속에서 진실이 태어난단다."

장터는 여전히 혼란스러웠지만, 그 혼란 속에서 사람들은 새로운 희망을 보았다. 돌과 물이 부딪치며 길을 내듯, 명령과 웃음이 충돌하며 내일의 길을 만들고 있었다.

광대의 중재

;

나는 북을 치며 말했다.

"법은 땅에 적히고, 웃음은 하늘에 적힌다. 어느 것이 오래 가겠는가."

사람들의 눈이 반짝였다. 아전조차도 그 말에 입꼬리를 움찔거렸다. 권위의 언어가 웃음을 만나면, 잠시지만 모양이 바뀐다. 그것이 광대의 자리였다. 나는 칼을 삼키지 않아도, 불을 뿜지 않아도, 한 마디 말로 권위를 흔들 수 있었다.

장터의 공기는 아직 팽팽했다. 명령의 말풍선과 웃음의 말풍선이 허공에서 부딪쳐 자꾸만 모양을 바꾸었다. 그때 광대가 방울을 달그락거리며 두 무리 사이로 걸어 들어왔다. 그는 성문에서 내려온 관리들과 장터 사람들을 번갈아 바라보더니, 먼저 바닥에 커다란 원을 그렸다.

광대 : "이걸 '들리는 자리'라 하겠소. 이 안에 들어선 이는 먼저 듣고, 그다음 말하기."

관리 하나가 코웃음을 쳤다.

관리 : "우리는 명령을 전하러 왔다. 듣는 건 너희가 할 일이지."

광대가 고개를 갸웃했다.

광대 : "그러면 묻지. 명령은 누구에게 도착해야 효력이 생기오? 도착하려면 귀가 열려 있어야 하지 않소?"

사람들 사이에서 킥킥 웃음이 번졌다. 관리의 시선이 잠시 흔들렸다.

광대는 다시 원 한가운데에 말풍선 모양을 손가락으로 그려 넣었다.

광대 : "여긴 '속말의 자리'요. 겉말은 누구나 크게 할 수 있지만, 속말

은 조심히 꺼내야 들리지."

그는 먼저 자신의 속말을 내려놓듯 낮게 말했다.

광대 : "우린 무질서하려는 게 아니오. 살고 싶소."

짧은 문장 하나가 원의 바닥을 울렸다. 햇빛이 말풍선 윤곽에 얹히며 반짝였다.

아이 : "저도 해봐도 돼요?"

엄마가 아이를 '들리는 자리'로 보냈다.

아이 : "저녁에 아빠가 돌아오면, 우리가 오늘 웃은 이야기부터 말해주고 싶어요."

소박한 속말이 퍼지자, 사람들의 표정이 조금 풀렸다.

광대는 이번엔 관리들을 손짓해 불렀다.

광대 : "관리님들도 속말 하나."

관리들은 서로 눈치를 보다가 마지못해 한 명이 한 발을 들여놓았다.

관리 : "…우린 질서를 지키라는 명을 받았다. 실패하면 우리도 벌을 받는다."

말끝이 떨렸다. 장터의 웅성거림이 잠시 멎었다.

나그네 : "보게, 속말은 모두 비슷하네. 살고 싶다는 것."

철학자 : "그래서 충재(沖裁)란, 칼로 가르는 심판이 아니라 속으로부터 재단(裁斷)하는 일이지. 겉말을 벗겨 속말을 드러내 공통의 자리를 만드는 일."

광대는 원의 둘레를 따라 천천히 돌며 '세 가지 놀이'를 제안했다.

첫째, 되묻기 : "이 명령이 지키려는 건 누구의 안전인가?"

둘째, 바꾸어 말하기 : "금지라는 말 대신 무엇을 허락할 수 있나?"

셋째, 웃음으로 시험하기 : "농담 한 줄에 무너지는 규칙은 규칙인가, 겉모양인가?"

　　　　　　　　　　저잣거리 말풍선

사람들 : "허허…."

웃음이 번졌다가 사그라졌다가, 다시 조용해졌다. 웃음은 이번에 조롱이 아니라 틈이었다. 말이 드나드는 좁은 균열, 서로의 귀를 향해 열리는 문틈.

광대가 배낭에서 낡은 거울을 꺼내 해를 비췄다.

광대 : "명령은 정면에 비추면 눈이 멀고, 웃음은 측면에 비추면 그림자가 길어지지. 둘 다 왜곡을 만든다오. 그러니 거울을 조금 기울여 보오."

그는 거울을 비스듬히 세워 관리와 장터 사람들의 얼굴을 한 프레임에 담았다. 두 얼굴이 겹치는 순간, 원 안의 말풍선이 흔들렸다.

관리 : "웃음은 질서를 해친다."

광대 : "질서를 지키는 건 침묵이오, 합의요?"

관리 : "…합의다."

광대 : "그럼 합의를 만드는 길로 가봅시다. 큰소리 대신 속말로, 선언 대신 질문으로."

광대는 '들리는 자리'의 규칙을 바꿨다. 말하는 사람은 마지막에 반드시 "—그래도 네 말이 들렸다"를 덧붙이는 것. 사람들은 어색해하다가 곧 따랐다.

여인 : "노래를 금하면 팔 힘이 빠져요—그래도 네 말이 들렸다."

상인 : "단속은 두려워요—그래도 네 말이 들렸다."

관리 : "웃음이 조롱이 될까 걱정이다—그래도 네 말이 들렸다."

그 짧은 문미(文尾)가 모든 문장을 다리로 바꾸었다. 말풍선들의 꼬리표가 서로에게 연결되듯, 말끝이 상대에게 건너가 매달렸다. 허공의 다성(多聲)은 소란에서 합의의 예감으로 옮겨 갔다.

광대 : "이제 마지막 놀이. '한 문장으로 바꾸기'. 각자 속말을 모아 한 문장으로."

그는 흰 천 조각에 커다란 글씨로 적었다.

광대(낭독) : "우리는 살고자 하며, 살고자 함은 서로의 말이 들리는 데서 시작된다."

사람들 사이로 낮은 탄성이 흘렀다. 관리들의 표정에서도 경계가 조금 누그러졌다.

철학자 : "충재는 승패를 정하는 재판(裁判)이 아니라, 귀의 방향을 바꾸는 연습이네. 명령의 귀를 바깥으로, 웃음의 귀를 안쪽으로."

나그네 : "그래서 다리에는 난간이 필요하지. 떨어지지 않도록 붙잡는 말, '그래도 네 말이 들렸다' 같은."

해가 기울자, 원의 그림자가 길게 늘어졌다. 광대는 원 밖으로 한 걸음 물러나 방울을 조심스레 멈추었다. 장터의 숨이 고르게 들고났다. 명령은 여전히 존재했고, 웃음도 여전히 넘실거렸다. 다만 둘 사이에 한 겹의 얇은 막—서로를 향해 열려 있는 듣기의 막—이 생겨난 듯했다.

아이 : "아저씨, 정말 싸움이 끝난 건가요?"

광대가 웃었다.

광대 : "아니, 싸움은 쉽게 끝나지 않지. 다만 싸움이 말을 배우기 시작했어."

그는 말풍선 모양으로 접어 만든 종이 하나를 관리에게, 또 하나를 여인에게 건넸다.

광대 : "이건 약속이오. 다음에도 '속말 먼저, 겉말은 나중'."

두 사람은 잠시 망설이다 고개를 끄덕였다.

장터의 바람이 말풍선들을 흔들어 멀리 보냈다. 충돌은 완전히 사라지지 않았지만, 모양이 달라졌다. 싸움의 말은 질문의 말로, 질문의 말은 합의의 말로 이동하는 길이 어렴풋이 보였다. 사람들은 그 길을 아직 정확히 몰랐지만, 무엇을 통해 그 길이 열리는지는 알 것 같았다.

저잣거리 말풍선

결론 : 언어의 두 얼굴

　권위의 언어는 기록되고, 민중의 언어는 전해진다. 기록은 돌에 새겨 오래 가지만, 입에서 입으로 전해진 말은 더 넓게 퍼진다. 세월이 흐르면 권위의 언어는 책 속에서 잠들고, 민중의 언어는 속담과 노래로 살아남는다.

　"칼은 녹슬고, 문서는 찢어지지만, 웃음은 입술에서 다시 태어난다."

　나는 장터 한복판에 서서 이렇게 선언했다. 말풍선들이 허공에 떠올라 서로 부딪치고, 합쳐지고, 흩어졌다. 그 광경이 바로 저잣거리의 진짜 철학이었다. 권위의 언어와 민중의 언어가 끝없이 맞서면서도, 결국 하나의 합창을 이루는 것. 그것이 바로 소리와 말풍선의 운명이었다.

　철학자의 목소리는 장터를 덮은 저녁 빛에 섞여 천천히 퍼져 갔다. 사람들은 여전히 소곤거리고 흥정했지만, 어쩐지 이전과는 다른 울림이 장터에 감돌았다.

　언어에는 언제나 두 얼굴이 있었다.

　하나는 권위를 지탱하는 얼굴, 돌처럼 무겁고 단단한 목소리.

　다른 하나는 민중을 이어 주는 얼굴, 바람처럼 가볍고 끊임없이 퍼져 나가는 목소리.

　돌과 바람, 무게와 가벼움, 명령과 웃음.

　아이 : "엄마, 언어가 두 얼굴을 가진 게 무서운 거예요?"

　엄마 : "무섭기도 하고, 아름답기도 하지. 무거움과 가벼움이 함께 있어야 세상이 굴러가거든."

나그네가 덧붙였다.

"나는 먼 길을 걸으며 많은 언어를 보았다네. 왕의 교지에서 시작해 노파의 속삭임에 이르기까지, 언어는 늘 두 얼굴을 가졌지. 하나는 억누르고 지배하려는 언어, 다른 하나는 나누고 살아내려는 언어. 그러나 결국 살아남는 건 언제나 후자의 얼굴이었네."

광대가 방울을 울리며 웃었다.

"허허, 권위의 언어가 돌이라면, 민중의 언어는 물이지. 돌은 크고 단단하지만, 물은 끊임없이 흐르며 길을 낸다오. 그래서 언젠가 돌도 닳게 되는 거지요. 그게 바로 웃음과 풍자의 힘 아니겠소?"

사람들이 함께 웃었고, 그 웃음은 장터의 긴장을 풀어냈다.

철학자가 잔을 내려놓으며 정리했다.

"언어의 두 얼굴은 서로를 지워 버릴 수 없네. 권위가 없다면 질서는 무너지고, 민중의 말이 없다면 삶은 메말라 버리지. 하지만 역사가 증명하듯, 권위의 언어는 종이에 갇혀 사라지고, 민중의 언어는 입에서 입으로 이어지며 살아남네. 이 대립과 균형이야말로 언어가 가진 숙명이지."

저녁 하늘에 별 하나가 떠올랐다.

아이의 눈에는 별빛이 말풍선처럼 보였다. 겉으론 작은 빛이었지만, 속엔 끝없는 어둠을 밀어내는 힘이 담겨 있었다.

아이 : "엄마, 언어의 두 얼굴은 결국 어디로 가는 거예요?"

엄마 : "애야, 언어는 사라지는 게 아니라 흩어져서 남는단다. 하나는 기록 속에, 또 하나는 사람들의 마음속에. 그리고 두 얼굴이 부딪힐 때, 우리는 진실을 조금 더 가까이 보게 되는 거지."

나그네는 장터를 둘러보며 미소 지었다.

"오늘의 명령은 내일 잊히겠지만, 오늘의 웃음은 내일도 이어질 걸

세. 그렇다면 우리는 이미 답을 얻은 셈이지."

광대는 마지막으로 방울을 흔들며 외쳤다.

"기억하시오! 돌과 물이 부딪칠 때 길이 생기듯, 권위와 민중의 언어가 부딪칠 때 역사가 열리지 않소? 언어의 두 얼굴은 결코 적이 아니라, 서로를 통해 길을 여는 동반자요!"

사람들은 고개를 끄덕였다.

장터의 웅성거림은 다시 일상의 소란으로 흘러갔지만, 모두의 가슴속에는 방금 오간 대화가 조용한 울림으로 남아 있었다. 그 울림은 저 잣거리를 넘어, 내일의 사람들에게까지 전해질 듯했다.

그리고 철학자가 속삭였다.

"언어의 두 얼굴, 그것이야말로 소리와 말풍선의 운명이다."

말풍선 요약 메모

- 권위의 언어.
- 무겁고 닫혀 있으며, 지배를 위한 도구로 사용됨.
- 명령·법령·훈시처럼 위에서 아래로 흘러내림.
- 사람들을 침묵하게 만들고, 복종을 강요.
- 민중의 언어.
- 가볍고 유연하며, 웃음·풍자·속담 속에 살아 있음.
- 아래에서 위로 치받으며 권위를 해체.
- 고통 속에서도 서로를 위로하고 공감하게 함.
- 두 언어의 충돌 → 장터는 늘 긴장과 해방이 공존하는 무대.
- 권위의 언어는 일시적이지만, 민중의 언어는 끊임없이 이어지는 생명력을 가짐.
- ▶ 저잣거리는 권력의 무대가 아니라, 언어가 부딪히며 새로 태어나는 철학의 장이었다.

5장

상인과 손님 - 교환의 철학

장터의 거래

;

저잣거리에 들어서면 가장 먼저 부딪히는 풍경이 교환이었다. 쌀 한 되와 돈 몇 푼이 맞바뀌고, 비단 한 필과 소금 한 자루가 오갔다. 그러나 그것은 눈에 보이는 거래일 뿐, 눈에 보이지 않는 교환은 더 크고 깊었다. 말이 오갔고, 정이 오갔으며, 신뢰와 불신도 함께 오갔다.

나는 광대로서 그 모습을 지켜보며, 장터가 단순히 물건을 사고파는 자리가 아님을 깨달았다. 그것은 곧 철학의 무대였다. '사는 자'와 '파는 자'가 만나 서로의 삶을 확인하고, 존재의 무게를 견주는 곳. 장터는 하루하루를 살아내는 인간 군상의 학교였다.

철학자의 말이 채 끝나기도 전에, 장터 곳곳에서 거래가 이루어졌다. 곡식 한 됫박이 오르내리고, 천 조각이 저울에 걸리고, 기름 한 병이 햇빛에 반짝였다.

사람들은 서로 눈빛을 주고받으며 흥정했고, 그 흥정은 곧 삶의 교과서였다.

아이 : "엄마, 거래는 왜 꼭 이렇게 시끄럽게 해야 해요?"

엄마 : "거래는 말 없는 손짓으로도 가능하지만, 말이 오가야 마음이 풀리지. 소리 없는 거래는 물건을 사고팔 뿐이지만, 말이 있는 거래는 사람을 사고팔지 않고 존중하지."

상인 : "이 값은 내 노동의 무게요."

손님 : "이 동전은 내 하루의 땀이오."

짧은 문장 속에서 서로의 삶이 드러났다.

거래는 단순히 물건을 주고받는 것이 아니라, 하루하루의 기록을 맞바꾸는 행위였다.

나그네가 거래 풍경을 지켜보며 말했다.

"길 위에서 본 장터들은 모두 달랐지만, 거래의 본질은 같았네. 사람들은 물건을 통해서만 교환하지 않았네. 눈빛, 미소, 때로는 고집까지도 교환했지. 그 모든 것이 교환의 기록이자 인간 군상의 학교였다네."

광대가 방울을 흔들며 농을 던졌다.

"허허, 거래란 언제나 '더 달라'와 '덜 줄 수 없다'의 줄다리기 아니겠소? 그러나 그 줄다리기야말로 삶의 훈련이지요. 아이들은 장터에서 흥정을 보며 배운다오. 말의 무게, 침묵의 타이밍, 웃음의 쓰임새까지 말이오."

사람들이 웃으며 고개를 끄덕였다.

철학자가 다시 말을 이었다.

"장터의 거래는 계산만이 아니라 판단이네. 이만큼 주고, 저만큼 받는 단순한 셈법 같지만, 그 속엔 신뢰와 의심, 기대와 실망이 얽혀 있지. 그러니 거래를 거듭한다는 건 곧 인간을 배우는 일이라네."

아이 : "엄마, 저 사람들은 왜 그렇게 큰 소리로 말해요?"

엄마 : "큰 소리로 말해야 내 목소리가 가볍게 흩어지지 않고 상대에게 닿지. 장터의 거래는 목소리의 싸움이기도 해. 목소리가 흔들리면 값도 흔들리고, 목소리가 당당하면 마음도 얻어 주지."

저녁이 다가올수록 거래는 더 치열해졌다.

팔려야 하는 물건과 사고 싶은 마음이 맞부딪치며 장터는 열기로 가득 찼다. 그러나 그 속에서 사람들은 단순히 이익을 취하는 것이 아니라, 서로를 시험하고 배우고 있었다.

상인은 정직을 배우고, 손님은 신중을 배웠다.

어떤 이는 속아 울었고, 어떤 이는 속여 부끄러워했다.

그 모든 순간이 바로 교환의 철학을 가르치는 장이었다.

철학자가 마지막으로 정리했다.

"장터의 거래는 결국 인간을 다루는 연습이네. 값을 흥정하는 일은 삶의 가치를 흥정하는 일이기도 하지. 장터는 곧 인간 군상의 학교요, 그 속에서 사람들은 서로를 가르치고 배우며 살아가는 법을 익히는 것이네."

아이의 눈에 비친 장터는 단순한 시장이 아니었다.

그곳은 소리와 말풍선이 부딪치며 삶의 교과서를 써 내려가는, 끝없는 교실 같았다.

저잣거리 말풍선

욕망의 저울

;

한쪽 좌판에서 상인과 손님의 흥정이 한창이었다.

손님 : "이 값이면 너무 비싸지 않소? 아이들 입에 들어갈 쌀인데 조금 깎아 주시오."

상인 : "내가 이 값에 팔아야 내 아이도 쌀을 사 먹는다네."

두 사람의 말풍선이 허공에서 맞부딪쳤다. 한쪽은 푸른빛의 절박함, 다른 한쪽은 붉은빛의 생존이었다. 저울 위에는 쌀 한 되가 아니라, 두 집안의 삶이 올라 있었다.

나는 속으로 중얼거렸다.

"가격은 단순한 숫자가 아니다. 그것은 욕망의 무게와 두려움의 무게가 맞부딪친 기록이다.

철학자의 말이 저울 위에 내려앉았다.

저울은 단순히 쌀과 동전, 천과 은전을 재는 도구가 아니었다.

그 위에는 욕망의 무게가 함께 올려져 있었다.

아이 : "엄마, 저울은 왜 자꾸 흔들려요?"

엄마 : "얘야, 저울이 흔들리는 건 물건 때문만이 아니란다.

사람의 마음, 곧 욕망이 얹히기 때문이지. 조금이라도 더 얻고 싶고, 조금이라도 덜 주고 싶은 마음이 저울을 흔드는 거야."

상인은 말했다.

"내가 이 값을 요구하는 건, 단순히 곡식 때문만이 아니요.

내 땀의 무게, 내 가족의 배고픔이 함께 얹혀 있는 거요."

손님이 맞받았다.

"하지만 내 손의 동전은 하루 종일 품을 팔아 얻은 것. 내 삶의 무게를 무시한다면, 거래는 성립될 수 없소."

두 사람의 언어는 저울의 양쪽에 나란히 올려져 흔들렸다.

저울은 단순한 쇠막대가 아니라, 욕망의 싸움터였다.

광대가 방울을 흔들며 웃었다.

"허허, 저울 위에서 춤추는 건 물건이 아니라 인간의 욕망이 아니겠소? 조금 더, 조금 덜… 이 미묘한 줄다리기가 장터를 시끄럽게 만드는 법이지. 그러나 바로 그 욕망의 소리가 장터를 살아 있게 하오."

사람들이 박장대소했지만, 곧 고개를 끄덕였다.

누구나 거래 속에서 욕망의 저울을 경험했기 때문이다.

철학자가 말을 이었다.

"욕망의 저울은 결코 고요하지 않네. 어느 한쪽이 만족하면 다른 한쪽은 부족하다 느끼고, 둘 다 만족하는 순간에도 속으로는 더 얻고 싶은 마음이 꿈틀거리지. 그러나 그 불만과 긴장 속에서 인간은 교환을 배우고, 사회는 균형을 찾아가네."

아이 : "욕망이 많으면 저울이 부서지지 않나요?"

엄마 : "그래서 거래에는 규칙이 필요하지. 저울이 무너지지 않도록 서로 지켜야 하는 선이 있어야 해. 그 선을 넘는 순간, 거래는 욕망이 아니라 폭력이 되는 거야."

저녁 빛이 장터를 물들이자, 저울 위에 놓인 물건들이 황금빛으로 빛났다. 그러나 그 빛은 단순한 햇빛이 아니라, 사람들의 욕망이 만들어낸 빛 같았다.

곡식 한 됫박, 동전 몇 닢이 서로의 삶을 흔드는 순간, 장터는 곧 욕망의 연극장이 되었다.

나그네가 낮은 목소리로 덧붙였다.

"길 위에서 본 모든 장터가 그렇더군. 저울은 단순히 물건을 재는 것이 아니라 사람의 마음을 재지. 욕망의 저울은 늘 흔들리지만, 바로 그 흔들림 속에서 인간은 서로를 비추게 된다네."

철학자는 마무리하듯 정리했다.

"욕망의 저울은 인간의 본능을 드러내지만, 동시에 인간의 가능성도 드러내네. 서로의 욕망이 맞부딪힐 때 갈등이 생기지만, 그 갈등이 균형을 만들어내지. 장터의 거래는 결국 욕망이 흔들린 끝에 세워지는 하나의 약속이라네. 그 약속이 곧 사회의 기초가 되지 않던가."

아이의 눈에는 저울 위에서 반짝이는 쌀알 하나가 별처럼 빛났다.

그 별빛은 단순한 곡식이 아니라, 욕망이 흔들린 끝에 만들어진 균형의 빛이었다.

보이지 않는 거래

;

어느 날, 병든 아버지를 위해 약초를 사려는 젊은이가 있었다. 그는 가진 돈이 턱없이 부족했으나, 발걸음을 물리지 못했다.

젊은이 : "제발 조금만 깎아 주십시오. 아버지가 열병에 시달리십니다."

약초 상인 : "이 약초는 내 생계이기도 하네. 하지만….."

상인은 잠시 눈을 감았다. 그리고 약초의 절반을 덜어 주면서 말했다.

"값은 반만 받겠네. 나머지는 그대의 효심으로 치르시오."

그 순간, 허공에 커다란 말풍선이 떠올랐다. 그 안에는 '거래'라는 단어와 함께 '자비'라는 글씨가 나란히 적혔다.

사람들이 그 광경을 지켜보며 웅성거렸다. 어떤 이는 어리석다 했고, 어떤 이는 현명하다 했다. 그러나 나는 깨달았다. 거래는 단순히 돈의 문제만이 아니라, 사람의 마음이 교차하는 순간이기도 하다는 것을.

철학자의 말이 장터 한복판의 공기를 가만히 울렸다.

사람들은 저울 위에 놓인 쌀과 동전만을 바라보지 않았다.

그 순간, 눈에 보이지 않는 거래가 그들 사이에서 흘러가고 있었다.

아이 : "엄마, 마음이 교차한다는 게 무슨 뜻이에요?"

엄마 : "얘야, 교차한다는 건 서로 스쳐 지나가는 게 아니라, 서로를 잠시라도 품는 거란다. 상인의 마음이 손님에게 건너가고, 손님의 마음이 상인에게 건너와 잠시라도 자리를 내주는 것. 그게 바로 눈에 보이지 않는 거래지."

상인은 한 줌의 곡식을 덤으로 얹어 주며 말했다.

"오늘은 장사가 잘 돼 기분이 좋소. 이건 값이 아니라 내 마음이오."

손님은 고개를 숙였다.

"내가 가진 건 이 동전뿐이지만, 다음번에도 꼭 찾아와 당신의 정직을 사겠소."

그 말이 끝나는 순간, 저울 위에 놓인 건 쌀과 동전만이 아니었다. 그들 사이에 '신뢰'라는 무게 없는 물건이 얹혔다.

나그네는 길 위에서 본 장터들을 떠올리며 조용히 중얼거렸다.

"길은 보이지 않지만 걸으면 생긴다네. 거래도 그렇지. 눈에 보이지 않는 마음의 길이 서로를 잇는다네. 그 길을 걷는 순간, 상인과 손님은 단순한 거래자가 아니라 동행자가 되지."

광대가 방울을 흔들며 덧붙였다.

"허허, 보이지 않는 거래가 없다면 장터는 얼마나 삭막하겠소? 돈만 오가고 웃음이 없다면, 장터는 돌무더기 창고와 다를 바 없을 테지. 하지만 미소 한 번, 덤으로 얹은 한 줌의 곡식, 그 사소한 친절이야말로 진짜 거래 아니겠소?"

사람들은 크게 웃었고, 그 웃음 속에 은근한 동의가 번졌다.

철학자가 다시 정리했다.

"보이지 않는 거래는 장부에 기록되지 않네. 그러나 기억에 남고, 관계를 잇고, 공동체를 지탱하지. 인간의 역사는 숫자로만 쓰이지 않고, 이야기와 전설로도 이어지지 않던가. 그것이 바로 마음이 교차하는 순간의 힘이네."

아이의 눈에는 허공에 떠 있는 수많은 말풍선이 서로 스치며 빛나는 것이 보였다.

그것은 단순한 소리가 아니라 마음이 스쳐 가는 흔적이었다.

겉으로는 곡식과 동전이 오갔지만, 그 속에서는 눈에 보이지 않는 신뢰와 웃음이 오갔다.

엄마는 아이의 손을 잡으며 속삭였다.

"기억하렴. 거래란 물건을 주고받는 일이기도 하지만, 그보다 더 중요한 건 마음을 주고받는 일이란다. 사람의 마음이 교차하는 순간이야말로 가장 값진 거래지."

저녁이 내려앉은 장터는 물건의 소란은 잦아들었지만, 마음의 소란은 여전히 따뜻하게 이어졌다.

그날의 거래는 곡식과 동전의 수량으로는 다 설명할 수 없었다. 사람들의 눈빛, 손끝의 미묘한 떨림, 덤으로 건넨 웃음이 진짜 기록이었다.

저잣거리 말풍선

계산과 정

;

    장터에서 오가는 대화 속에는 늘 계산과 정이 얽혀 있었다. 어떤 상인은 정을 잊고 계산만을 남겼다. 그들의 말풍선은 단단했지만, 쉽게 터졌다. 반대로 어떤 손님은 정을 앞세워 홍정 대신 웃음을 내밀었다. 그들의 말풍선은 부드러웠고, 오래 떠다녔다.

    나는 종종 북을 치며 사람들에게 물었다.

    "무엇을 교환하는가? 돈인가, 쌀인가, 아니면 마음인가?"

    그러면 아이들이 대답했다.

    "웃음을요! 오늘 광대가 웃음을 팔았으니, 우리는 웃음을 샀지요!"

    아이들의 대답은 단순했으나, 가장 정확했다. 장터의 한쪽에서는 저울이 달그락거리고, 다른 쪽에서는 손끝이 맞부딪혔다.

    동전은 무게를 지녔고, 곡식은 양을 드러냈다.

    그러나 그 모든 것 사이를 잇는 것은 숫자로 환산할 수 없는 무엇이었다.

    광대는 작은 북을 두드리며 사람들에게 물었다.

    "자, 대체 계산은 무엇이오? 저울 위의 숫자는 분명하나, 마음속 무게는 어디에 달겠소?"

    사람들은 웃으며 대답을 피했지만, 이내 속마음이 스며 나왔다.

    상인 : "나는 오늘 장사로 동전을 얻지만, 정직으로 내일의 손님을 얻지."

    손님 : "나는 동전을 내지만, 믿음을 함께 내놓는다네."

여인 : "장터의 거래는 한 끼를 살 뿐 아니라, 사람의 정을 산다네."

철학자가 고개를 끄덕이며 덧붙였다.

"계산은 필수적이지. 그것이 없다면 거래는 혼란이 되네. 하지만 계산만으로는 인간을 묶어 둘 수 없지. 거래를 지탱하는 건 정(情), 곧 보이지 않는 마음이라네. 정 없는 거래는 차갑고, 계산 없는 거래는 혼란스럽다. 그러므로 두 가지는 늘 긴장 속에서 서로를 지탱하지."

아이 : "엄마, 정은 눈에 안 보이는데, 정말 있는 거예요?"

엄마 : "그럼 있지. 네가 웃을 때, 그 웃음 속에 담긴 게 바로 정이란다. 그건 동전으로 살 수 없고, 저울로 달 수 없는 것이지. 하지만 그게 없으면 거래는 하루살이 장사로 끝나 버려."

나그네가 덧붙였다.

"길 위에서 본 수많은 시장이 그걸 증명하더군. 어떤 상인은 손해를 보면서도 손님에게 덤을 얹어 주었고, 어떤 손님은 없는 살림에도 값을 후하게 치렀지. 그 보이지 않는 주고받음이 바로 장터를 지탱하는 힘이었네."

광대는 다시 북을 두드리며 외쳤다.

"들으시오! 계산은 손을 맞잡게 하고, 정은 마음을 맞잡게 하오! 둘이 함께할 때만 거래가 살아남는 법이오."

사람들이 웃음으로 화답했고, 그 웃음이 장터의 공기를 부드럽게 덮었다.

해가 기울며 장터의 그림자가 길어졌다.

저울 위에서는 여전히 무게가 오르내렸지만, 사람들의 눈빛은 다른 것을 교환하고 있었다. 그것은 동전이나 곡식이 아닌, 신뢰와 친절, 기억과 웃음이었다.

철학자가 마지막으로 정리했다.

"교환의 본질은 수량에 있지 않네. 교환의 본질은 인간을 묶는 마음, 곧 보이지 않는 정에 있다네. 그 정은 웃음처럼 눈에 보이지 않지만, 모든 거래를 가능하게 하는 숨은 무게이지. 그러니 잊지 말게. 교환의 본질은 웃음처럼 눈에 보이지 않는 것이라네."

속담과 교훈

;

    저잣거리는 속담의 보고였다. 흥정이 길어질 때마다 사람들은 속담을 꺼내 상대를 설득했다.

    "에누리 없는 장사 없다."

    "흥정은 덜어내는 게 아니라, 서로를 채우는 거다."

    속담은 흥정의 무기이자 위로였다. 말풍선 속에 담긴 짧은 문장은 종종 돈 몇 닢보다 더 큰 힘을 발휘했다. 권위의 언어가 명령으로 다가왔다면, 민중의 언어는 속담으로 살아남아 교환의 현장을 지배했다.

    철학자가 말하자 장터 사람들은 서로의 얼굴을 바라보았다.

    정말 그랬다.

    하루하루 거래의 끝자락에는 언제나 속담 한 마디가 흘러나왔고, 그것은 사람들의 기억 속에 오래 머물렀다.

    아이 : "엄마, 속담이 거래를 지배한다는 게 무슨 뜻이에요?"

    엄마 : "얘야, 속담은 사람들의 오래된 경험이 담긴 말이란다. 값을 흥정할 때도, 신뢰를 세울 때도, 결국 사람들은 속담을 꺼내며 자신을 설득하지. 속담은 법보다 부드럽지만, 때론 법보다 강한 힘을 가지지."

    상인은 곡식을 저울에 올리며 말했다.

    "윗물이 맑아야 아랫물이 맑다지 않소? 정직한 거래가 있어야 장터가 살아나는 법이오."

    손님은 곧장 맞받았다.

    "가는 말이 고와야 오는 말이 곱다 했지요. 상인이 인심을 쓰면 손님도 지갑을 더 열게 마련이오."

이처럼 속담은 단순한 장식이 아니었다.

그것은 거래의 현장에서 곧바로 작동하는 규칙이자 언어였다.

광대가 방울을 흔들며 웃었다.

"허허, 속담이야말로 민중의 교과서 아니겠소? 왕은 법전을 펴들고, 관리는 명령을 내리지만, 우린 '말 한 마디에 천 냥 빚을 갚는다'는 속담 하나로 흥정을 끝내지 않소? 속담은 웃음과 함께 퍼져 나가니, 아무도 그것을 막을 수 없다오."

사람들은 박장대소했지만, 웃음 뒤에 고개를 끄덕였다.

속담은 실제로 법보다 가깝고, 명령보다 더 자주 쓰였다.

나그네가 낮게 덧붙였다.

"길 위에서 들은 속담은 나라와 지역마다 달랐지만, 그 뜻은 하나였네. 모두가 교환의 자리에서 사람을 가르치고, 서로를 묶는 지혜였지. 그래서 속담은 언어의 민중판(民衆版) 철학이라 할 수 있네."

철학자가 고개를 끄덕였다.

"속담은 단순히 기억된 문장이 아니라, 살아 있는 규범이지. 속담을 아는 이는 장터에서 이기고, 속담을 잊은 이는 쉽게 속는다네. 속담은 거래를 지배하고, 동시에 인간을 가르치지."

아이 : "엄마, 속담은 누가 만든 거예요?"

엄마 : "누가 만든 건 알 수 없단다. 오랜 세월 수많은 사람들이 살아오며 지혜를 모아 낳은 말이지. 속담은 한 사람의 것이 아니라, 모두의 것이야. 그래서 더 강하고, 그래서 누구도 쉽게 무시할 수 없는 거지."

저녁이 다가오자 장터의 웅성거림은 속담들로 뒤섞였다.

"싼 게 비지떡이라더니…."

"꿩 대신 닭이지 뭐."

"천 리 길도 한 걸음부터라니까."

사람들은 흥정을 하면서도 자연스레 속담을 꺼냈고, 속담은 거래의 기울기를 결정했다.

때론 웃음이, 때론 분노가, 때론 신뢰가 속담과 함께 흘러갔다.

철학자가 마지막으로 정리했다.

"속담은 인간의 경험이 축적된 언어라네. 그 속엔 계산도, 정(情)도, 욕망도 다 들어 있지. 속담은 거래의 무대에서 살아남아, 눈에 보이지 않는 힘으로 교환을 지배한다네. 법과 명령은 사라져도, 속담은 여전히 사람들의 입술 위에서 살아남지."

아이의 눈에는 허공에 떠 있는 말풍선들이 작은 속담의 조각처럼 보였다. 하나는 빛났고 하나는 흔들렸지만, 모두 사람들의 마음을 붙잡고 있었다.

그 순간 아이는 깨달았다.

속담은 곧 저잣거리의 교과서요, 거래의 철학이었다.

철학적 사유

;

나는 장터의 중심에서 스스로에게 물었다.

'교환이란 무엇인가?'

'물건과 돈을 바꾸는 일?'

아니면 '마음과 마음을 이어 주는 일?'

교환은 어쩌면 인간이 서로를 인정하는 가장 오래된 방식이었다. 네가 나에게 무언가를 주고, 내가 너에게 무언가를 주며, 우리는 서로의 존재를 확인한다. 그것이 곧 공동체의 기초였다.

"교환은 단순한 경제가 아니다. 그것은 인간의 철학이다."

철학자의 목소리는 장터의 소란 속에서도 분명하게 들렸다.

사람들은 곡식을 주고받고, 동전을 쥐고 흔들었지만, 그 순간 단순한 흥정 이상의 일이 벌어지고 있었다.

교환은 삶의 방식이자 질문이었고, 저잣거리는 철학의 무대였다.

아이 : "엄마, 교환이 어떻게 철학이 돼요?"

엄마 : "애야, 철학은 '왜?' 하고 묻는 데서 시작되지. 우리가 왜 이만큼의 곡식과 저만큼의 동전을 바꾸는지, 왜 손해를 감수하고도 신뢰를 지키려 하는지, 왜 속임을 당하고도 다시 장터에 나오는지… 그 모든 질문 속에 철학이 숨어 있는 거야."

상인은 물건을 저울에 올리며 말했다.

"내 노동의 땀은 몇 닢의 값으로 환산되는가?"

손님은 동전을 내놓으며 되물었다.

"내 하루의 시간이 저만큼의 곡식으로 충분히 보상되는가?"

이 질문들은 단순한 거래의 말이 아니었다.

그것은 인간 존재의 가치를 묻는 사유의 말이었다.

나그네가 덧붙였다.

"길 위에서 보아온 모든 거래가 그랬네. 어떤 이는 이익을 좇았고, 어떤 이는 명예를 원했으며, 또 어떤 이는 단순히 살아남기 위해 교환했지. 그러나 모두가 공통으로 물은 건, '나는 무엇을 위해 사는가?'였네. 그 질문이 곧 철학이 아니겠는가."

광대가 방울을 흔들며 장난스럽게 웃었다.

"허허, 나의 농담도 철학이지요. 내가 '이 값은 너무 비싸다' 하고 웃음을 던지면, 사람들은 단순히 흥정을 넘어서 '욕망은 어디까지 허용되는가?'라는 질문을 스스로 던지지 않소?"

사람들이 소리 내 웃었지만, 그 웃음 속에 잠시 깊은 침묵이 스며들었다.

철학자가 잔을 내려놓으며 다시 정리했다.

"저잣거리의 교환은 단순히 물건을 주고받는 일이 아니네. 그 속에는 인간이 서로를 어떻게 대할 것인가라는 물음이 숨어 있지. 공정, 신뢰, 정, 욕망, 책임… 이 모든 개념이 거래의 순간마다 실험되지 않던가. 그러니 장터는 곧 인간 철학의 실험장이네."

아이 : "그러면 장터에서 배우는 건 계산뿐 아니라 마음이네요?"

엄마 : "그래, 애야. 저울은 계산을 가르치고, 사람들은 정을 가르치지. 두 가지가 함께 있어야 삶이 균형을 이루는 거야. 그 균형을 배우는 게 바로 철학이란다."

해가 저물고 장터의 불빛이 하나둘 켜졌다.

사람들은 물건을 팔고 사고 돌아갔지만, 그들의 말풍선은 허공에 남아 있었다.

'정직은 힘이다.'

'신뢰가 곧 내일을 만든다.'

'웃음은 가장 값싼 교환이자 가장 값진 교환이다.'

이 말풍선들은 장터 위에 별처럼 떠서 사람들의 귀와 가슴에 닿았다.

철학자는 마지막으로 속삭였다.

"저잣거리의 교환은 곧 인간의 철학이다. 그 속에는 인간의 모든 고민과 해답이, 눈에 보이지 않는 무게로 존재하네. 그래서 장터를 걷는 것은 곧 철학의 길을 걷는 것이지."

결론 : 교환의 철학

;

해가 저물어 좌판이 하나둘 접힐 때, 나는 오늘 오간 거래들을 떠올렸다. 쌀, 비단, 약초, 물고기, 웃음, 자비, 속담, 정. 그 모든 것이 장터의 하늘에 말풍선으로 떠올랐다.

어떤 것은 터져 사라졌지만, 어떤 것은 여전히 남아 별빛처럼 반짝였다.

나는 북을 치며 마지막으로 선언했다.

"상인과 손님은 물건을 나누는 것이 아니라, 삶을 나눈다. 저잣거리의 교환은 곧 인간의 철학이다."

철학자의 목소리가 가라앉자 장터는 잠시 고요해졌다.

그러나 그 고요는 침묵이 아니라, 모두가 스스로의 삶을 되새기는 사유의 시간이 되었다.

사람들은 곡식 자루와 동전을 바라보다가, 곧 서로의 얼굴을 바라보았다.

저울 위의 무게보다 더 무거운 것은, 눈빛 속에서 오가는 신뢰와 책임이었다.

아이 : "엄마, 철학은 학교에서 배우는 거잖아요. 그런데 왜 장터에서도 철학을 배운다고 해요?"

엄마는 미소를 지으며 대답했다.

"얘야, 철학은 책 속의 단어에서만 나오지 않아. '어떻게 살아야 하지?'라는 질문이 철학이고, 장터에서는 그 질문이 날마다 반복되지.

값을 흥정하면서, 정직을 시험하면서, 신뢰를 쌓으면서 말이다."

상인은 말했다.

"나는 오늘 곡식을 팔아 돈을 얻는다. 그러나 돈만 얻는 것이 아니라, 내 정직을 잃지 않았음을 확인한다."

손님은 대꾸했다.

"나는 동전을 내고 곡식을 얻는다. 그러나 그것만이 아니라, 내 하루의 노동이 존중받았음을 확인한다."

그들의 대화는 단순한 거래가 아니었다.

그것은 인간의 존엄을 교환하는 순간이었다.

광대가 방울을 흔들며 농담을 섞었다.

"허허, 계산은 저울이 하고, 철학은 우리가 하오! 저울은 숫자를 맞추지만, 우리는 마음을 맞추지 않소? 그 마음이 어긋나면 거래는 끝나도 앙금이 남고, 그 마음이 맞으면 손해를 봐도 웃음이 남는다오."

사람들은 웃음을 터뜨렸고, 그 웃음은 장터 위를 따뜻하게 감쌌다.

나그네는 조용히 덧붙였다.

"길 위에서 만난 모든 장터가 그러했네. 저울은 늘 흔들렸고, 욕망은 늘 부딪혔지. 그러나 결국 사람들을 묶은 건 숫자가 아니라 마음이었다네. 그 마음의 무게가 바로 인간의 철학이지."

철학자가 마지막으로 정리했다.

"교환은 단순한 경제 행위가 아니라, 인간이 서로를 시험하고 인정하는 과정이다. 계산과 정, 욕망과 신뢰, 속임과 용서가 한데 얽히는 그 복잡한 과정 속에서 우리는 인간이 무엇인지 배우고, 또 가르친다. 그러니 저잣거리의 교환은 곧 인간의 철학이다."

저녁이 내려앉은 장터 위, 허공에는 여전히 말풍선들이 흩어져 있었다.

"정직은 힘이다."

"웃음은 최고의 덤이다."

"신뢰가 내일을 부른다."

그 말풍선들은 글로 기록되지 않았지만, 사람들의 마음에 각인되었다. 그리고 아이의 눈에는 그것이 별빛처럼 반짝이며 서로를 잇는 다리로 보였다.

엄마는 아이의 손을 꼭 잡으며 속삭였다.

"얘야, 잊지 말아라. 돈은 쓰면 사라지지만, 마음은 쓰면 더 커진단다. 장터에서 배우는 건 물건값이 아니라 사람값이야. 그것이 교환의 철학이지."

그날 저잣거리는 다시 소란스러워졌지만, 그 소란 속에서 모두는 알았다. 교환은 단순히 삶을 이어 주는 도구가 아니라, 삶 자체를 비추는 철학이었다는 것을.

말풍선 요약 메모

- 장터의 거래 = 단순한 물건 교환이 아니라 삶을 나누는 행위.
- 가격 흥정 속에는 인간적 관계와 신뢰가 숨어 있음.
- 거래는 곧 대화이자 협상 → 말과 말이 오가며 관계가 형성됨.
- 상인은 생존을 위해, 손님은 필요를 채우기 위해 서로를 필요로 함.
- 때로 갈등과 긴장이 있지만, 결국 교환은 공동체를 지탱하는 약속이 됨.
- ▶ 장터의 거래는 단순한 경제 행위가 아니라, 삶의 철학이 드러나는 작은 무대였다.

6장

광대 - 웃음으로 말하는 자

광대의 자리

;

저잣거리 어디를 가도 광대가 있었다. 북을 치며 춤을 추기도 했고, 어릿광대의 가면을 쓰고 우스꽝스러운 몸짓을 하기도 했다. 그러나 나는 알았다. 광대의 진짜 자리는 웃음을 파는 데 있지 않았다. 광대는 저잣거리의 거울이었고, 때로는 칼날이었다. 웃음 뒤에 숨겨진 진실을 드러내는 것이 광대의 임무였다.

나는 가면을 고쳐 쓰며 늘 스스로에게 물었다.

'오늘 나는 사람들을 웃기겠는가, 아니면 울리겠는가.'

둘은 다르지 않았다. 눈물은 웃음의 반대편이 아니라, 같은 강의 다른 물결이었다.

철학자의 말에 광대는 방울을 가만히 흔들며 미소를 지었다.

그의 자리는 장터 한복판이었으나, 동시에 어디에도 속하지 않는 공간이었다. 상인과 손님 사이에 끼어들어 긴장을 풀어 주기도 하고, 관리의 명령을 비틀어 조롱하기도 하며, 아이들의 눈길을 사로잡아 하루를 즐겁게 채워 주기도 했다.

아이 : "엄마, 광대 아저씨는 장사도 안 하고, 관리도 아닌데 왜 여기 있어요?"

엄마 : "애야, 광대의 자리는 물건을 파는 자리가 아니란다. 그의 자리는 사람들의 마음 한가운데지. 누구도 사지 않는 것, 그러나 누구에게나 필요한 것 ― 웃음을 파는 자가 바로 광대다."

광대는 자기가 차지한 자리가 언제나 경계 위라는 것을 알았다. 그는 웃음과 눈물, 풍자와 진실 사이를 오갔다. 사람들은 그를 가볍다고 생각했지만, 사실 그의 자리는 가장 무거운 것들을 견디는 자리에 가까웠다.

나그네가 중얼거렸다.

"광대의 자리는 강물 같네. 흘러가면서도 늘 제자리에 있고, 같은 강이지만 물결은 다르지. 어제의 농담은 오늘에선 풍자가 되고, 오늘의 웃음은 내일에선 눈물이 되네. 그러니 광대의 자리는 언제나 같으면서도 달라지는 자리지."

철학자가 덧붙였다.

"광대는 권력의 자리에 앉지도 않고, 민중의 자리에만 머물지도 않는다. 그는 두 세계의 사이, 틈과 경계에서 산다네. 그래서 그의 말풍선은 가볍게 떠오르면서도, 동시에 가장 날카로운 질문을 품지."

광대 자신도 그것을 알고 있었다.

그는 장터의 한 모퉁이에 서서 방울을 흔들며 속으로 말했다.

"나는 누구의 편도 아니고, 동시에 모두의 편이다. 내 웃음은 돌을 부수지 않지만, 돌을 닳게 만들 것이다. 내 농담은 한낱 소리가 아니고, 언젠가 불씨가 될 것이다."

사람들은 광대의 자리를 늘 가볍게 여겼다. 그러나 결정적인 순간마다 광대의 말은 모두를 멈추게 했다. 싸움이 격해질 때, 그의 농담은 칼보다 깊이 파고들었고, 슬픔이 짙게 드리울 때, 그의 웃음은 등불처럼 어둠을 걷어냈다.

아이 : "엄마, 광대 아저씨는 왜 늘 웃어요?"

엄마 : "그의 웃음은 단순히 즐겁기 위해서가 아니야. 그 웃음 속엔 눈물이 있고, 풍자가 있고, 때로는 분노가 숨어 있단다. 하지만 그것을 무겁게 내뱉지 않고 가볍게 풀어내는 게 바로 광대의 자리인 거지."

철학자는 마지막으로 정리했다.

"광대의 자리는 결코 우스꽝스러운 자리가 아니네. 그의 자리야말로 저잣거리의 심장이지. 상인의 자리, 손님의 자리, 관리의 자리가 바뀌어도, 광대의 자리는 사라지지 않는다. 왜냐하면 그 자리는 곧 인간이 살아 있는 한 필요하기 때문이지. 광대의 자리는 — 같은 강의 다른 물결이었다."

웃음의 무기

;

어느 날, 세금을 거두러 나온 아전이 장터 한복판에 섰다. 그는 두루마리를 펴 들고 엄숙히 읽어 내려갔다.

"금일 이후 노점에서 소리를 내는 자는 벌을 내리겠다."

사람들의 말풍선이 얼어붙었다. 소리를 내지 못한다는 것은 곧 생존을 금지하는 것이었다. 나는 북을 두드리며 앞으로 나섰다.

"아전 어르신, 그러면 우리 장터는 얼마나 조용해지겠습니까? 새도 울지 않고, 아이도 울지 않고, 소도 울지 않는다면… 이곳은 무덤이 되겠습니다."

사람들이 킥킥 웃었다. 웃음은 얼어붙은 공기를 깨뜨렸다. 아전은 노기를 띠었으나, 이미 민중의 마음은 웃음 쪽으로 기울어 있었다. 광대의 말풍선은 풍자였다. 풍자는 칼날보다 날카로웠다.

그 말이 장터 위에 떨어지자, 모두의 시선이 광대에게 쏠렸다.

그의 손에 쥔 것은 칼도, 창도 아니었다. 오직 방울 달린 모자와 웃음뿐.

그러나 사람들은 알았다. 그 웃음이야말로 권력을 흔들고, 민중을 하나로 묶는 가장 강력한 무기라는 것을.

아이 : "엄마, 웃음이 어떻게 무기가 돼요?"

엄마 : "얘야, 무기란 꼭 날이 서 있어야 하는 게 아니란다. 사람의 마음을 꿰뚫는 건 말이지, 웃음처럼 보잘것없어 보이는 것일 때가 많아. 웃음은 칼보다 빠르고, 칼보다 오래 남는 무기지."

광대는 관리 앞에 서서 방울을 흔들었다.

"짐의 뜻이 곧 법이라 하셨다지요? 허허, 그렇다면 짐이 배부르면 백성도 배불러야 하지 않소? 그런데 왜 백성은 굶고, 짐만 살찌는지… 참 희한한 법이구려!"

사람들은 숨을 죽였다가 이내 폭소를 터뜨렸다.

웃음은 순식간에 번졌고, 관리의 얼굴은 붉게 달아올랐다.

칼날 하나 쓰지 않고도, 광대는 권위의 갑옷을 흔들어 놓았다.

철학자가 고개를 끄덕이며 말했다.

"웃음은 침묵을 깨뜨리는 무기라네. 명령이 강요하는 침묵 속에서도, 한 마디 농담은 벼락처럼 터져 나오지. 권위는 그걸 막을 수 없네. 웃음을 막는다는 건 곧 숨을 막는 것이나 마찬가지니까."

나그네가 덧붙였다.

"길 위에서도 그랬네. 칼을 든 군사 앞에서는 사람들이 두려움에 잠잠했지만, 광대가 농담을 던지는 순간, 그 침묵은 산산이 부서졌다네. 웃음은 보이지 않는 창이었고, 권위의 장막을 뚫는 가장 예리한 화살이었지."

아이 : "그럼 광대 아저씨는 위험하지 않아요?"

광대가 아이를 향해 윙크하며 대답했다.

"위험하지, 애야. 웃음은 사람들을 살리지만, 권력을 흔들기 때문이지. 그래서 웃음은 칼보다 날카롭고, 동시에 칼보다 무서운 무기란다."

장터 사람들은 그날도 광대의 농담으로 잠시나마 권위의 그늘에서 벗어났다. 웃음소리는 파도처럼 번져 나가며 서로의 어깨를 가볍게 두드렸다.

사람들은 돈보다, 곡식보다 더 값진 것을 얻었다.

그것은 두려움을 잠시 잊히게 해주는 자유였다.

저잣거리 말풍선

철학자가 마무리하듯 속삭였다.

"웃음은 사람들의 무기이면서 동시에 방패다. 그것은 권위를 찌르지만, 동시에 민중을 지킨다. 풍자가 칼날보다 날카롭다는 말은 단순한 비유가 아니다. 웃음은 권력을 무너뜨리고, 삶을 지탱하는 진짜 힘이지."

그 순간 허공에 떠오른 광대의 말풍선은 다른 어떤 것보다도 밝았다. 풍선 속에는 단순한 농담이 아니라, 날카로운 진실이 담겨 있었다.

아이의 눈에는 그것이 칼날보다 빛나는 검처럼 보였다.

웃음의 치유

;

그러나 웃음은 무기만은 아니었다. 때로는 약이 되었다.

어느 여인은 남편을 잃고 장터를 떠돌며 울었다. 그 곁에 앉아 나는 우스꽝스러운 노래를 불렀다. 아이들이 깔깔거리며 손뼉을 치자, 여인의 얼굴에 잔잔한 미소가 번졌다. 눈물이 웃음에 젖어 더 이상 소금기가 느껴지지 않았다.

여인 : "광대 양반, 그대는 약장수가 아닌데도 내 마음의 열을 식혀 주는구려."

나 : "웃음은 값 없는 약이지요. 그러나 쓰고 나면 오래 남습니다."

그날 나는 깨달았다. 웃음은 누군가의 상처를 싸매는 천이 될 수도 있다는 것을.

철학자의 말은 장터의 바람에 실려 오래 머물렀다.

사람들은 웃음을 흔히 가벼움으로 여겼지만, 웃음은 단순한 농담을 넘어서서 누군가의 깊은 아픔을 감싸주는 힘을 가지고 있었다.

한 여인이 장터 모퉁이에 앉아 울고 있었다.

남편을 잃고 생계를 이어 가야 했으나, 팔 물건도, 살 희망도 없어 보였다.

사람들은 애써 모른 척 지나쳤다. 그러나 광대는 그녀 곁에 다가와 방울을 흔들며 슬며시 앉았다.

광대 : "여인네, 눈물이 강이라면 웃음은 다리라 하오.

강을 건너지 못해 머무는 이는 다리에 올라타면 되지 않겠소?"

저잣거리 말풍선

여인은 눈물을 닦으며 잠시 고개를 들었다.

광대는 곡예처럼 넘어지고, 우스꽝스럽게 엉덩방아를 찧으며 억지스러운 웃음을 만들어 냈다.

처음엔 억눌린 듯하던 여인의 입술이 조금씩 떨리더니, 마침내 작은 웃음소리가 새어 나왔다.

그 웃음은 울음과 겹쳐져, 마치 상처에 약을 바르는 소리 같았다.

아이 : "엄마, 웃음이 정말 상처를 낫게 해요?"

엄마 : "그래, 얘야. 몸의 상처는 약으로 낫지만, 마음의 상처는 웃음으로 낫는단다. 웃음은 눈에 보이지 않지만, 마음속 어두운 구석을 밝혀 주는 등불과 같아."

나그네가 그 광경을 지켜보며 중얼거렸다.

"길 위에서 본 수많은 웃음이 그랬지. 웃음은 아픔을 지우지는 않지만, 그 아픔을 견딜 수 있는 힘을 주네. 상처를 없애는 게 아니라, 상처와 함께 걸어갈 수 있게 만드는 것이지."

철학자가 덧붙였다.

"웃음은 치유의 언어라네. 권위의 언어가 명령을 내리고, 민중의 언어가 진실을 퍼뜨린다면, 광대의 웃음은 사람들의 마음에 약을 바르지. 그것은 강요가 아닌 자발적 회복이고, 순간이 아닌 지속의 힘이지."

광대는 여인에게 마지막으로 모자를 벗어 건넸다.

"이 모자는 내겐 웃음의 상징이지만, 오늘은 여인네의 방패가 되기를 바라오."

여인은 모자를 품에 안고 미소 지었다.

그 웃음은 여전히 슬픔에 젖어 있었지만, 슬픔만 있던 자리엔 이제 작은 빛이 깃들었다.

아이 : "엄마, 웃음이 약이라면, 누가 약사가 되는 거예요?"

엄마 : "광대일 수도 있고, 이웃일 수도 있지. 때로는 네가 친구를 웃게 해주는 순간, 네가 바로 약사가 되는 거란다."

철학자는 다시 한 번 정리했다.

"웃음은 단순한 유희가 아니라, 인간이 서로를 지탱하는 방식이다. 웃음은 칼날이 될 수도 있지만, 동시에 천이 되어 상처를 싸맨다. 그 이중성 속에서 웃음은 인간을 살리고, 공동체를 이어가게 한다네."

그날 저녁, 장터의 공기는 여전히 시끄러웠지만, 한 모퉁이에는 조용한 평화가 있었다.

여인의 미소가 그 증거였다.

웃음은 눈에 보이지 않았지만, 분명히 그 자리에 있었다.

허공에 떠오른 말풍선에는 이렇게 적혀 있었다.

"웃음은 누군가의 상처를 싸매는 천이 될 수도 있다."

웃음의 위험

;

웃음은 때로 화살이 되기도 했다. 권력자를 조롱하는 풍자가 지나치면 곤장이 기다렸다. 실제로 많은 광대들이 장터에서 끌려 나가 채찍을 맞았다.

나 또한 위험을 아슬아슬하게 피해 다녔다. 그러나 나는 알았다. 웃음이 위험하다는 것은, 웃음이 힘을 가진다는 증거라는 것을.

"권위가 웃음을 두려워하는 까닭은, 웃음이 권위를 작게 만들기 때문이다."

웃음은 높다란 성벽을 무너뜨리지 못하지만, 성벽을 우스꽝스럽게 만들어 무너질 날을 앞당겼다.

광대의 농담은 때로 사람들을 해방시켰지만, 동시에 위험을 불러오기도 했다. 웃음은 권위를 흔드는 칼날이었고, 권위는 그 칼날을 두려워했다. 웃음이 성벽을 무너뜨릴 수 있다는 사실을 아는 순간, 권력자들은 광대를 감시하고 억눌렀다.

아이 : "엄마, 웃음이 좋은 건데 왜 위험해요?"

엄마: "애야, 웃음은 두 얼굴을 가지고 있단다. 사람들을 살리기도 하지만, 권위를 무너뜨리기도 하지. 그 무너짐을 두려워하는 이들에겐 웃음이 가장 큰 위협이 되는 거야."

광대가 장터에서 풍자를 던질 때마다, 사람들은 크게 웃었다.

그러나 웃음이 커질수록 관리들의 눈빛은 더 차갑게 변했다.

그들은 웃음을 '질서의 균열'로 보았고, 민중은 웃음을 '자유의 틈새'

로 여겼다.

같은 웃음이었지만, 받아들이는 얼굴은 전혀 달랐다.

나그네는 길 위에서 본 기억을 떠올렸다.

"한 나라에선 광대의 농담 하나가 반란의 불씨가 되었네. 백성은 그 농담 속에서 자신들의 억압을 보았고, 권력은 그 농담을 모욕으로 여겼지. 결국 그 나라는 성벽이 무너지는 것처럼 허물어졌다네. 웃음은 작지만, 그것이 모이면 폭풍 같은 힘을 내지."

철학자가 덧붙였다.

"웃음은 불편한 진실을 드러내기 때문에 위험하다네. 모두가 침묵할 때 웃음은 감춰진 상처를 폭로하지. 그러나 그 폭로가 지나치면, 웃음은 공동체를 찢는 칼날이 되기도 하네. 그래서 웃음을 쓰는 이는 항상 위험의 경계에 서 있는 셈이지."

광대 자신도 그 사실을 알고 있었다. 그는 사람들을 즐겁게 하면서도, 언제나 관리들의 눈치를 보아야 했다. 웃음이 너무 가벼우면 무시당했고, 웃음이 너무 날카로우면 잡혀 갔다. 그 사이에서 광대는 균형을 잡으려 애썼다.

아이 : "그럼 광대 아저씨는 왜 계속 웃겨요? 무섭잖아요."

광대는 아이를 보며 슬며시 웃었다.

"얘야, 웃음이 위험하다고 해서 멈춘다면, 세상은 돌처럼 굳어 버리지. 나는 웃음을 멈출 수 없단다. 웃음은 내 무기이자, 동시에 나 자신이니까."

장터 사람들은 웃음을 나누면서도 속으로는 두려움을 품었다.

웃음은 그들을 해방시켰지만, 동시에 화를 불러올 수도 있었기 때문이다. 그러나 그 두려움조차 웃음을 막지는 못했다.

사람들은 알았다. 웃음이 위험하기에 더 소중하다는 것을.

저잣거리 말풍선

철학자가 마지막으로 정리했다.

"웃음은 칼보다 날카롭고, 천보다 부드럽다. 그 이중성이 웃음을 위험하게 만들지만, 동시에 인간답게 만들지. 웃음은 성벽을 무너뜨릴 수도 있고, 상처를 치유할 수도 있다. 그 위험을 감수하는 것이 곧 인간의 용기라네."

그날 저녁, 장터 위에는 두 가지 말풍선이 떠올랐다.

하나는 환한 웃음으로 반짝였고, 다른 하나는 그림자처럼 드리워져 있었다.

아이의 눈에는 두 말풍선이 겹쳐져 보였다. 그리고 그는 깨달았다.

웃음은 위험하기에 더욱 진실하다는 것을.

광대와 아이들

;

    아이들은 늘 광대의 편이었다. 아이들의 웃음은 권위의 언어가 닿지 않는 성역이었다. 나는 종종 아이들과 함께 춤을 췄다. 아이들의 깔깔거림은 나의 북소리보다 더 크게 울렸다.

    아이 : "광대야, 오늘은 칼을 삼켜 봐!"

    나 : "칼은 삼키기보다, 웃음으로 썰어 삼켜야지!"

    아이들은 손뼉을 치며 말풍선을 날렸다. 그 말풍선에는 '희망'이라는 글자가 쓰여 있었다. 웃음은 희망의 씨앗이었다.

    광대의 아이들은 장터 한구석에서 모여 놀고 있었다.

    방울 달린 모자를 흉내 내어 쓰기도 하고, 광대의 몸짓을 따라 하며 깔깔대기도 했다.

    그들의 웃음소리는 장터의 소음과 섞여 퍼져 나갔지만, 분명히 다른 울림을 가지고 있었다. 그것은 두려움 없는 웃음, 세상의 무게를 아직 모르는 웃음이었다.

    아이 : "엄마, 저 아이들은 왜 저렇게 즐겁게 웃어요?"

    엄마 : "그 아이들은 세상의 무거움을 아직 다 알지 못하니까. 그러나 그 웃음 속에는 단순한 장난이 아니라, 내일을 열어젖히는 힘이 숨어 있단다. 광대의 아이들이 남기는 웃음은 곧 희망의 씨앗이지."

    철학자가 조용히 덧붙였다.

    "광대의 아이들이 웃는 모습은 단순한 놀이가 아니라네. 그들은 권위를 두려워하지 않고, 세상의 규칙에 길들여지지 않았지. 아이들의 웃음은 가장 순수한 해방이고, 가장 깊은 진실이네."

나그네가 그 말을 이어받았다.

"길 위에서 본 마을마다 광대의 아이들이 있었네. 그들은 아버지나 어머니가 남긴 농담을 이어받아 사람들에게 퍼뜨렸지. 장터에서 시작된 작은 웃음이 다른 마을로, 다른 나라로 흘러가는 건 언제나 아이들을 통해서였네. 웃음은 그렇게 이어졌고, 희망은 그렇게 퍼져 나갔지."

광대는 아이들을 바라보며 속으로 중얼거렸다.

"내 농담은 때로 위험했고, 때로 사람들의 마음을 아프게도 했지. 그러나 이 아이들의 웃음은 그 모든 것을 덮고도 남을 만큼 순수하구나. 내가 쓰러지더라도, 웃음은 이 아이들을 통해 살아남겠지."

아이 : "엄마, 웃음이 씨앗이라면, 언젠가 꽃이 되나요?"

엄마 : "그렇지, 얘야. 웃음은 땅에 떨어지면 마음속에서 싹을 틔우고, 시간이 지나면 희망이라는 꽃을 피우지. 그리고 그 꽃은 또 다른 웃음을 낳아, 세상에 퍼져 가는 거야."

철학자가 마지막으로 정리했다.

"광대의 아이들은 단순히 혈육이 아니라, 웃음의 계승자들이네. 그들의 웃음은 저잣거리의 소란 속에서도 꺼지지 않는 불빛이고, 무너지는 성벽 위에서도 다시 솟아나는 새싹이지. 웃음은 희망의 씨앗이자, 미래로 이어지는 다리라네."

저녁 빛이 장터에 드리워졌을 때, 광대의 아이들은 여전히 웃고 있었다.

그들의 웃음은 허공에 반짝이며 말풍선이 되어 흩어졌다.

그들의 웃음은 어른들의 무거운 한숨을 가볍게 덮고, 내일을 기다리게 하는 노래처럼 퍼져 갔다.

그리고 모두가 알았다. 웃음은 희망의 씨앗이었다.

웃음과 존재

;

    나는 종종 스스로에게 물었다. '나는 왜 광대가 되었는가?' 돈을 벌기 위함이었나? 아니면 세상을 비추기 위함이었나? 대답은 매번 달랐다. 그러나 한 가지는 분명했다. 웃음은 단순한 오락이 아니었다. 웃음은 인간을 자유롭게 했다.

    "웃음은 쇠사슬을 녹이지 못하지만, 쇠사슬의 무게를 잠시 잊게 한다."

    광대의 임무는 그 잠시를 만들어 주는 것이었다. 그 잠시가 모여 하루를 만들고, 하루가 모여 삶을 만들었다.

    광대의 웃음도 그 하루의 일부였다. 사람들은 장터에서 잠시 웃고 흩어졌지만, 그 웃음이 사라진 뒤에도 마음속에는 작은 불빛이 남았다. 그 불빛은 삶의 어둠을 견디게 하는 등불이 되었고, 내일 다시 살아갈 힘이 되었다.

    아이 : "엄마, 하루하루 웃는 게 정말 그렇게 큰 힘이 돼요?"

    엄마 : "그럼, 애야. 하루는 짧지만, 그 하루가 모여 삶이 되지 않니? 오늘의 웃음은 내일을 열고, 내일의 웃음은 또 다른 미래를 만든단다. 그래서 작은 웃음 하나가 사실은 삶 전체를 지탱하는 힘이 되는 거야."

    철학자가 덧붙였다.

    "삶이란 거창한 계획으로만 세워지는 것이 아니네. 사소한 순간의 기쁨, 한 번의 웃음, 짧은 농담이 쌓여 역사가 만들어지지. 광대의 말풍선은 금세 허공에 사라지는 듯하지만, 그 자취는 사람들의 가슴 속에 오래 머문다네."

나그네가 조용히 말했다.

"길 위에서 본 수많은 얼굴들이 떠오른다네. 어떤 이는 눈물로 하루를 채웠고, 어떤 이는 웃음으로 하루를 견뎠지. 그러나 결국 둘 다 삶을 이루는 물결이었네. 웃음은 그 물결이 서로 부딪쳐도 부서지지 않고 다시 흘러가게 만드는 힘이었다네."

광대는 장터 한복판에 서서 방울을 울렸다.

"사람들이여, 오늘도 고단했을지라도 웃음을 놓치지 마시오. 내일이 두렵다 해도, 오늘 웃은 자는 이미 내일을 준비한 것이오."

그의 말에 사람들은 고개를 끄덕이며 미소를 지었다. 그 미소는 장터의 소란 속에 흩어졌지만, 각자의 가슴 속에는 작은 씨앗으로 남았다.

해가 완전히 기울고 어둠이 장터를 덮었을 때조차, 그날의 웃음은 여전히 허공에서 맴돌았다.

누군가의 집으로 돌아가는 길, 누군가의 외로운 밤 속에서 그 웃음이 다시 피어났다. 그렇게 하루의 작은 웃음들이 모여, 삶이라는 긴 이야기를 써 내려갔다. 그리고 모두는 알았다.

웃음은 순간이 아니라, 삶을 엮어내는 실이라는 것을.

결론 : 웃음으로 말하는 자

;

저잣거리에서 광대는 단순한 흥행사가 아니었다. 그는 철학자였고, 치유자였고, 때로는 혁명가였다. 웃음으로 말하는 자, 그가 바로 광대였다.

해가 저물 무렵, 나는 장터 한복판에 서서 마지막으로 외쳤다.

"사람들이여, 오늘 하루를 살아낸 우리 모두는 광대다. 우리는 저마다 웃음을 팔고, 웃음을 사며, 웃음으로 서로를 지탱한다."

말풍선들이 허공에 떠올라 서로 부딪치며 흩어졌다. 그 웃음의 울림이 장터의 밤을 밝히는 등불이 되었다.

장터는 하루의 소란을 마치고 저마다 집으로 돌아가는 발걸음으로 가득 찼다.

등불이 하나둘 켜지고, 장터의 상인들은 가게 문을 닫았다.

그러나 광대가 남긴 웃음은 사라지지 않았다. 그것은 공중에 흩날리는 연기처럼 가볍지만, 동시에 사람들의 마음에 스며드는 불빛처럼 따뜻했다.

아이 : "엄마, 왜 광대 아저씨의 웃음은 등불 같다고 해요?"

엄마 : "애야, 등불은 어둠을 다 몰아내진 못해도 길을 보여주지. 웃음도 마찬가지야. 세상을 완전히 바꾸진 못해도, 살아갈 길을 잃지 않게 해 주는 거야."

철학자가 조용히 덧붙였다.

"웃음은 인간의 가장 작은 언어 같지만, 동시에 가장 큰 울림이네. 칼로는 잠시 질서를 세울 수 있어도, 웃음 없이는 사람들의 마음을 붙잡지 못하지. 광대가 말로써 웃음을 일으킨다는 건, 그가 언어의 철학자라는 뜻이네. 그는 웃음을 통해 말하고, 말로써 웃음을 키운다."

나그네가 고개를 끄덕였다.

"길 위에서 본 마을마다 웃음이 사라지면 삶도 쇠락했네. 굶주림 속에서도 웃는 집은 다시 일어섰지만, 웃음을 잃은 집은 희망도 잃었지. 그러니 웃음은 단순한 유희가 아니라 생존의 증언이네."

광대는 마지막으로 방울을 흔들며 말했다.

"내 웃음은 나 혼자만의 것이 아니오. 당신들의 어깨에 묻은 먼지를 털어 주고, 가슴속 두려움을 조금 덜어 주고, 내일을 버틸 힘을 나누는 웃음이오. 그러니 웃음을 흩뜨리지 말고, 서로의 등불로 삼으시오."

사람들은 환호하지 않았다. 대신 고개를 끄덕이며 미소 지었다. 그 미소들이 모여 장터의 밤을 환히 밝혔다.

아이 : "엄마, 웃음은 내일에도 남아요?"

엄마 : "남지. 웃음은 소리처럼 흩어져도, 마음속에 씨앗처럼 심겨서 내일 피어난단다. 광대의 웃음이 오늘 우리를 살렸듯, 내일은 네 웃음이 다른 이를 살릴 수 있단다."

철학자가 마무리했다.

"웃음으로 말하는 자는 농담꾼이 아니라 진실을 전하는 자네. 그의 웃음은 권위를 흔들고, 상처를 싸매며, 희망을 불러온다네. 광대가 말풍선에 담아 남긴 웃음은 결국 인간이 인간으로 살아가게 하는 힘이지. 그 웃음이야말로 저잣거리의 철학이다."

그날 밤, 장터 위 허공에 떠 있던 마지막 말풍선은 천천히 흩어졌다. 그러나 그 속에 담긴 울림은 사라지지 않았다.

그 웃음의 울림이 장터의 밤을 밝히는 등불이 되었고, 동시에 내일을 여는 아침의 종소리가 되었다.

말풍선 요약 메모

- 광대의 웃음 = 단순한 오락이 아니라 진실을 드러내는 힘.
- 웃음은 권위를 풍자하고, 억눌린 민중의 마음을 해방시킴.
- 장터의 광대는 웃음으로 말하는 철학자, 저항과 희망을 동시에 노래함.
- 광대의 농담과 재담은 허공에 흩어지는 듯 보이나, 사람들 마음에 깊이 새겨짐.
- 웃음은 무너짐이 아니라, 다시 일어서는 힘으로 작동.
- 광대의 목소리 = 장터를 움직이는 또 하나의 말풍선.
▶▶ 광대는 단순한 연희자가 아니라, 웃음으로 공동체를 지탱하는 증언자였다.

7장

나그네 - 길 위의 증언자

나그네의 등장

;

저잣거리는 매일같이 수많은 얼굴을 맞이했지만, 가장 눈길을 끄는 이는 언제나 '낯선 이'였다. 그는 이곳의 땅을 딛지 않았고, 이곳의 공기를 처음 들이마시는 자였다. 낯선 옷차림, 낯선 억양, 낯선 눈빛. 그러나 그 낯섦 속에 사람들은 묘한 끌림을 느꼈다.

어느 날, 먼 길을 걸어온 나그네 하나가 장터 어귀에 섰다. 옷은 먼지로 얼룩졌고, 신발은 닳아 있었다. 하지만 눈빛은 날카롭게 빛났다. 사람들은 그를 둘러싸며 물었다.

상인 : "어디서 오는 길이오?"

나그네 : "북쪽 산맥 너머에서."

여인 : "거긴 요즘 흉년이라 들었소만, 정말인가요?"

나그네 : "흉년은 땅에만 오는 게 아니라, 사람의 마음에도 오지요."

짧은 대답이었지만, 말풍선은 장터 위로 크게 떠올랐다. 그 안에는 '증언'이라는 글자가 적혀 있었다. 나그네는 길 위에서 보고 들은 것을 증언하는 자였다.

사람들은 나그네의 입술을 주시했다.

그가 들려주는 이야기는 책에서 옮겨 온 문장이 아니었고, 풍문처럼 부풀려진 거짓도 아니었다.

그것은 직접 걸어온 발자국에서 우러난 증언이었다.

먼 길을 걷고, 수많은 사람을 만나고, 낯선 땅의 바람을 맞으며 쌓아 온 기억이 그대로 살아 움직이고 있었다.

아이 : "엄마, 저 아저씨는 왜 이렇게 사람들이 모여들어요?"

엄마 : "애야, 나그네의 말은 단순한 이야기가 아니라 증언이란다. 누군가의 삶을 직접 보고 들은 자만이 할 수 있는 말이지. 책 속 기록은 눈으로 읽히지만, 그의 말은 귀에서 가슴으로 스며드는 거야."

나그네는 장터 한복판에 서서 조용히 입을 열었다.

"나는 북쪽 땅에서 온 자요. 그곳은 눈이 일찍 내리고, 사람들의 손등에는 굳은살이 깊었소. 그들은 추위를 견디며 서로의 빵을 나누었지. 나는 그 빵의 따뜻함을 기억하고 있소."

사람들은 숨을 죽였다. 그의 말 속에는 거짓이 없었고, 허풍 대신 바람에 시든 얼굴과 굳은 손의 진실이 담겨 있었다.

철학자가 곁에서 속삭였다.

"나그네는 단순히 소식을 전하는 자가 아니네. 그는 길 위에서 삶을 기록하는 산책자이자, 저잣거리에 목소리를 전하는 증언자네. 그의 말은 종이에 갇히지 않고, 바람처럼 흘러 모두의 귓속에 살아남지."

광대가 방울을 흔들며 장난스럽게 덧붙였다.

"허허, 그래서 나그네의 말이 무서운 게지요. 소문은 웃어넘길 수 있지만, 증언은 무시할 수 없거든요. 나그네는 거짓 없는 웃음을 가져오기도 하고, 숨겨진 상처를 들춰내기도 하니, 권력자들에겐 가시 같은 존재 아니겠소?"

사람들이 웅성거리며 고개를 끄덕였다.

아이 : "엄마, 나그네는 왜 기록을 안 하고 자꾸 말만 해요?"

엄마 : "기록은 시간이 지나면 닳지만, 증언은 듣는 이의 가슴에 남기 때문이지. 말은 바람에 흩어지는 것 같아도, 그 울림은 오래 살아남는단다."

저녁 빛이 장터를 붉게 물들였다.

나그네의 말풍선이 허공에 떠올라, 하늘빛과 섞였다. 그 말풍선 속에는 먼 길의 흙먼지, 사람들의 웃음과 눈물, 그리고 바람의 냄새가 담겨 있었다.

사람들은 알았다.

그의 말은 단순한 이야기가 아니었다.

그의 말은 소문보다 무겁고, 기록보다 생생했다.

길 위의 기록자

;

    나그네는 종종 이야기를 풀어놓았다. 산맥 너머 마을에서 일어난 기근, 강을 건너다 만난 전쟁터의 흔적, 그리고 어느 마을에서 들었던 노래. 사람들은 그의 이야기를 돈 주고 사는 물건보다 귀하게 여겼다. 왜냐하면 그것은 다른 세상의 기록이었기 때문이다.

    나그네 : "남쪽 마을에서는 아이들이 굶주림에도 노래를 부르더군요. '밥은 없어도, 내일은 있네.' 그 노래가 아직 내 귀에 맴돕니다."

    사람들은 그 노래를 따라 불렀다. 그리고 잠시나마 자신들의 굶주림을 잊었다. 나그네의 증언은 단순한 이야기 전달이 아니었다. 그것은 마음을 잇는 다리였다.

    나는 광대의 자리에서 생각했다. 나그네는 웃음을 팔지 않는다. 그러나 그의 말은 웃음만큼이나 사람들을 살린다. 웃음은 현재를 가볍게 하고, 증언은 미래를 준비하게 했다.

    나그네의 말은 단순히 과거를 되새기는 회상이 아니었다. 그는 지나온 길의 풍경을 묘사하면서 동시에 앞으로 닥쳐올 시간을 예고하고 있었다. 그가 걸어온 땅에서 경험한 기근, 전쟁, 화해, 연대의 순간들은 장터 사람들에게 곧 올 내일의 그림자를 비춰 주었다.

    아이 : "엄마, 나그네 아저씨는 왜 자꾸 옛날 얘기를 해요?"

    엄마 : "애야, 그의 옛 이야기는 단순히 지나간 일이 아니란다. 과거를 말하는 것 같지만, 사실은 오늘을 비추고 내일을 준비하게 하지. 그가 본 것을 들려주는 건, 우리가 보지 못한 길을 보여주려는 거야."

나그네는 장터 사람들을 둘러보며 낮은 목소리로 말했다.

"저 멀리 동쪽 땅에서는 가뭄이 들었소. 사람들은 강가에서 마지막 물을 나누며 살아남으려 애썼지. 그들의 눈빛을 보며 깨달았소. 물이란 곡식만큼이나, 어쩌면 곡식보다 더 귀한 삶의 무게라는 것을."

사람들은 그 말에 잠시 침묵했고, 그 침묵은 곧 결심이 되었다. 물을 아껴 쓰고, 함께 나누어야 한다는 깨달음이 장터 사람들의 가슴에 새겨졌다.

철학자가 중얼거렸다.

"나그네의 증언은 단순한 기록이 아니라 경고이자 약속이네. 그의 말은 종이에 쓰이지 않아도 사람들의 행동을 바꾼다네. 기록은 책 속에 갇히지만, 증언은 삶 속에서 살아 움직이지."

광대가 방울을 흔들며 농담을 보탰다.

"허허, 기록자는 붓으로 쓰고, 나그네는 발걸음으로 쓰지 않소? 길 위에 남은 발자국이 곧 글자이고, 우리가 듣는 이야기가 곧 책이지요. 그러니 나그네야말로 가장 위대한 기록자 아니겠소?"

사람들은 웃었지만, 그 웃음 속에는 고개 끄덕임이 담겨 있었다.

아이 : "엄마, 나그네 아저씨는 책을 쓰지 않아도 기록자가 될 수 있어요?"

엄마 : "그럼, 애야. 기록은 꼭 종이에 남겨야만 되는 게 아니란다. 누군가의 마음에 새겨지고, 행동을 바꾸는 말이라면 그것이 곧 기록이지."

저녁노을이 장터를 붉게 물들일 무렵, 나그네의 말풍선이 허공에 떠올랐다. 그 풍선 속에는 먼 길의 바람, 닳은 신발, 그리고 수많은 얼굴들의 미소와 눈물이 담겨 있었다.

사람들은 그 풍선을 눈으로는 보지 못했지만, 마음으로는 분명히 느낄 수 있었다.

철학자가 마지막으로 정리했다.

"증언은 과거를 설명하는 것이 아니라 미래를 준비하게 한다네. 나그네의 말은 저잣거리의 기록이자 내일의 교과서다. 그의 증언 속에서 사람들은 오늘을 살아갈 이유와 내일을 맞을 힘을 얻지."

그날 밤, 장터를 떠난 나그네의 뒷모습은 어둠 속에 사라졌지만, 그의 증언은 사람들의 마음속에 남아 내일의 길을 비추고 있었다.

경계의 목소리

;

그러나 나그네의 말은 언제나 환영만 받은 것은 아니었다. 어떤 이들은 그의 말을 불편해했다.

장정 : "왜 우리 장터에 와서 흉년 얘기를 늘어놓는가? 마음이 더 무거워질 뿐이네."

아전 : "낯선 소문은 질서를 어지럽힌다. 네 말이 사실인지 누가 증명할 수 있느냐."

권위의 언어는 나그네의 언어를 두려워했다. 왜냐하면 그의 말은 통제할 수 없었기 때문이다. 문서에 찍힌 도장이 없고, 관청의 허락을 받지 않은 이야기. 그러나 그 이야기야말로 사람들의 심장에 더 깊이 파고들었다.

나는 속으로 중얼거렸다.

"나그네의 언어는 기록되지 않지만, 기억된다. 기록은 돌에 새겨지고, 기억은 피에 새겨진다."

길 위에서 배운 지혜

;

나그네는 자신을 '길 위의 제자'라 불렀다. 길이 스승이었고, 바람과 흙이 교과서였다. 그는 장터 사람들에게 말했다.

"길을 오래 걸으면 발이 먼저 배웁니다. 발이 아프면 참는 법을 배우고, 길이 험하면 함께 걷는 법을 배웁니다. 나는 책에서 배우지 못한 것을 길에서 배웠습니다."

사람들은 그의 말을 곱씹었다. 어떤 이들은 고개를 끄덕였고, 어떤 이들은 허무한 웃음을 지었다. 그러나 모두가 인정했다. 나그네의 말에는 '삶으로 배운 무게'가 실려 있었다.

나는 나그네 곁에 앉아 물었다.

"당신은 왜 이렇게 증언하시오?"

나그네 : "내가 본 것을 전하지 않으면, 길은 헛된 것이 되지요. 길은 걷는 자만의 것이 아니라, 듣는 자의 것이기도 하니까."

나그네의 목소리는 장터에 모인 이들의 귀에만 닿은 것이 아니었다. 그 목소리는 들은 자의 가슴 속에서 다시 변주되며 울려 퍼졌다.

나그네의 증언은 그의 것이면서 동시에 듣는 이들의 것이 되었고, 그 과정에서 목소리는 경계에 놓였다.

아이 : "엄마, 목소리가 경계에 있다는 건 무슨 뜻이에요?"

엄마 : "애야, 경계라는 건 둘 사이에 서 있다는 뜻이지. 나그네의 말은 단순히 그가 본 것만이 아니야. 듣는 사람이 어떻게 받아들이느냐에 따라 전혀 다른 의미가 되거든. 그래서 그의 목소리는 경계 위에서

흔들리지만, 그 흔들림 때문에 더 살아 있는 거야."

나그네는 낮은 목소리로 말을 이었다.

"나는 전쟁터에서 본 울음소리를 전하고자 한다. 그러나 그 울음은 내 귀에 닿은 순간의 울음일 뿐이오. 그대가 듣는 순간, 그것은 이미 그대의 울음이 된다. 내 목소리는 내 것이면서도 동시에 그대의 것이오."

사람들은 숙연해졌다. 그 말은 단순한 이야기의 전달이 아니라, 슬픔과 공감의 나눔이었다.

철학자가 조용히 덧붙였다.

"나그네의 목소리는 증언인 동시에 질문이네. 그의 말은 '이런 일이 있었다'라는 보고에 그치지 않고, '그렇다면 너는 어떻게 살 것인가?'라는 질문을 던지지. 그 질문은 경계에서 태어나 듣는 자의 책임으로 옮겨 간다네."

광대가 방울을 흔들며 농담처럼 말했다.

"허허, 그래서 나그네의 말은 위험하다오. 그가 던진 말은 이미 그의 것이 아니고, 듣는 자의 마음에서 다시 태어나지 않소? 어떤 이는 웃음으로, 어떤 이는 분노로, 또 어떤 이는 눈물로 받아들이지. 그러니 그 목소리는 자유롭지만, 동시에 누구도 완전히 붙잡을 수 없는 것이지요."

사람들은 고개를 끄덕였다.

아이 : "엄마, 나그네 아저씨는 자기 말을 잃어버리는 거 아니에요?"

엄마 : "아니란다. 목소리는 흩어지지만 사라지지 않아. 오히려 더 많은 귀에 닿으면서 새로운 힘을 얻지. 그래서 나그네의 말은 길 위에서 흩어지면서도, 길 위에서 더 멀리 가는 거야."

저녁 하늘에 별빛이 하나둘 떠올랐다.

저잣거리 말풍선

나그네의 말풍선은 별빛처럼 허공에 흩어졌다.

그러나 그 흩어진 말들은 사람들의 마음에 스며들어 다시 새로운 이야기가 되었다.

누군가는 그것을 노래로 바꾸었고, 누군가는 그것을 속담으로 만들었다.

그 목소리는 경계에서 태어나, 경계를 넘어 살아남았다.

철학자가 마지막으로 정리했다.

"경계의 목소리는 어느 한 사람의 것이 아니네. 말하는 자와 듣는 자 사이에 떠 있는 것, 그것이 바로 증언의 진실이지. 나그네의 목소리가 힘을 가지는 이유는, 그것이 나그네의 것이면서 동시에 듣는 자의 것이기 때문이네."

그날 밤, 사람들은 각자의 집으로 돌아갔지만, 나그네의 목소리는 여전히 귓가에 맴돌았다.

그것은 경계에 머물렀기에, 누구의 것이기도 하고 모두의 것이기도 했다.

갈등과 화해

;

　어느 날, 나그네의 말이 장터에 큰 소동을 일으켰다. 그는 남쪽에서 전염병이 돌고 있다고 말했다. 그 순간 장터는 술렁였다.

　사람들 : "우리도 위험한 게 아니냐?"

　"당장 장터를 닫아야 한다!"

　"나그네를 쫓아내라!"

　사람들의 말풍선은 톱니 모양으로 날카로워졌다. 그러나 나그네는 차분히 대답했다.

　"전염병이 두렵다면, 서로의 손을 잡으시오. 사람을 쫓아내는 건 병을 막지 못합니다. 오히려 마음을 병들게 할 뿐이지요."

　그 말에 잠시 침묵이 흘렀다. 그러자 한 노인이 말했다.

　"저 말이 옳다. 병은 피할 수 없으나, 마음의 병은 우리가 막아야지."

　사람들의 말풍선이 둥글게 바뀌었다. 두려움의 톱니가 풀리고, 위로의 원이 생겨났다. 나그네의 증언은 위기를 갈등에서 화해로 돌려놓았다.

　장터의 공기는 잠시 전까지 팽팽하게 얼어붙어 있었다.

　상인과 손님이 값 문제로 서로 얼굴을 붉혔고, 구경꾼들마저 양쪽으로 갈라져 목소리를 높였다.

　자칫하면 작은 말다툼이 큰 싸움으로 번질 기세였다.

　그 순간 나그네가 앞으로 나섰다. 그는 소리치지도, 힘으로 막으려 하지도 않았다. 그저 조용히, 그러나 단호하게 길 위에서 보고 겪은 일을 풀어 냈다.

"저 멀리 남쪽 마을에서는 값 때문에 서로 등을 돌린 적이 있소. 그러나 결국 그 다툼은 모두를 굶주리게 했지. 값을 지키려던 상인도, 흥정을 내리던 손님도, 모두 같은 빈 그릇을 들고 울 수밖에 없었소. 하지만 다음 해, 그들은 깨달았지. 조금 덜 얻더라도 서로를 살려야 한다는 것을."

사람들은 잠시 말을 멈췄다.

그의 증언은 책 속 이야기가 아니라, 실제로 발로 걸어 본 길 위의 기록이었다. 그가 전한 타인의 경험은 곧 장터 사람들의 미래가 될 수도 있었다.

철학자가 곁에서 속삭였다.

"증언은 갈등을 꺾는 힘이 있네. 싸움은 '내가 옳다'는 주장으로 타오르지만, 증언은 '이런 일이 있었다'라는 사실로 불을 식히지. 그 사실은 누구의 것도 아니고, 모두의 것이니까."

광대가 방울을 흔들며 농담을 던졌다.

"허허, 다투려면 나중에 하시오. 지금 이 싸움 덕에 나는 공연을 못 하잖소. 그러니 화해하는 게 모두의 이익이 아니겠소?"

사람들이 웃음을 터뜨렸고, 웃음은 긴장을 풀었다. 그러나 갈등을 진정시킨 결정적인 힘은 광대의 농담이 아니라, 나그네의 증언이었다. 그의 이야기가 마음속에 새겨졌기 때문이다.

아이 : "엄마, 나그네 아저씨는 싸움을 멈추게 하려고 일부러 여행을 다니는 거예요?"

엄마 : "그렇지 않을 수도 있지. 하지만 그의 증언은 자연스레 갈등을 누그러뜨려. 누군가의 아픔을 직접 들려주면, 싸움이 단순히 내 문제가 아니라 모두의 문제로 바뀌거든."

나그네는 조용히 말했다.

"겉 위에서 내가 본 건 다툼이 끝난 자리마다 남은 상처였소. 그러나 그 상처도 누군가의 증언을 통해 다시는 되풀이되지 않을 수 있소. 내 맡이 그 다리 역할을 한다면, 그것으로 충분하오."

저녁 빛이 장터를 물들였다.

싸움은 사라졌고, 사람들은 다시 저울을 들여다보며 조용히 흥정을 이어갔다. 그러나 그들의 눈빛에는 이전보다 조금 더 깊은 이해가 깃들어 있었다.

나그네의 말은 갈등을 끊어낸 것이 아니라, 갈등 너머에 화해의 길이 있음을 보여주었다.

철학자가 정리했다.

"증언은 단순히 과거의 보고가 아니네. 그것은 현재의 갈등을 풀고, 미래의 화해를 준비하게 하지. 나그네의 말이 힘을 가지는 건 바로 그 때문이지. 그의 증언은 위기를 갈등에서 화해로 돌려 놓는 언어라네."

그날 밤, 허공에 떠 있던 말풍선에는 이런 글씨가 새겨졌다.

"증언은 다리를 놓는다. 다툼에서 화해로, 분열에서 연대로."

길 위의 사유

;

　나는 광대로서 나그네의 자리를 곰곰이 생각했다. 광대는 웃음으로 진실을 비추지만, 나그네는 증언으로 진실을 들려준다. 광대의 언어가 장터 안을 향한다면, 나그네의 언어는 장터 밖을 향했다.

　그는 길 위에서 본 세상을 들고 와, 저잣거리에 비추었다. 그 순간 장터는 좁은 공간이 아니라, 더 큰 세상의 일부가 되었다.

　"나그네는 단순한 손님이 아니다. 그는 세상을 증언하는 자다. 그의 발자국은 기록이고, 그의 말은 철학이다."

　나그네가 걸어온 길은 단순한 이동의 흔적이 아니었다.

　돌 위에 남은 발자국은 지나간 자취이지만, 그 자취는 누군가의 귀에 닿을 때 새로운 질문이 되었다.

　그는 길을 걸으며 세상을 읽었고, 그 읽음이 곧 사유가 되어 사람들에게 전해졌다.

　아이 : "엄마, 나그네 아저씨는 왜 글을 안 쓰고 자꾸 말만 해요?"

　엄마 : "얘야, 그의 발걸음 자체가 글이기 때문이지. 그의 신발 밑바닥에 새겨진 흙과 먼지가 이미 문장이고, 그가 만난 얼굴들이 곧 문단이란다. 그는 책 대신 길 위에 글을 쓰고, 사람들의 귀에 철학을 새기지."

　철학자가 말을 이었다.

　"우리는 흔히 철학을 책상 위에서 한다고 생각하지. 그러나 길 위의 사유는 다르네. 책 속의 철학은 개념으로 남지만, 길 위의 철학은 삶으로 쉴아 있지. 나그네의 증언은 바로 그 길 위에서 태어나 사람들의 삶을 비추는 철학이네."

광대가 방울을 흔들며 웃음을 덧붙였다.

"허허, 그러니 나그네는 발로 쓰는 철학자요, 입으로 읽는 기록자 아니겠소? 그가 길 위에서 넘어진 것도, 우리에겐 질문이 되고, 그가 본 풍경도, 우리에겐 답이 되는 것이지요."

사람들은 웃으면서도 고개를 끄덕였다. 그 농담 속에 진실이 숨어 있었기 때문이다.

나그네는 잠시 장터를 둘러보다가 조용히 말했다.

"길은 혼자 걸으면 외롭지만, 증언은 혼자가 아니오. 내 말이 그대의 귀에 닿는 순간, 이 길은 우리의 길이 되지. 내 발자국은 기록이고, 내 말은 철학이지만, 그 철학은 이제 그대의 것이기도 하오."

그 순간, 사람들은 나그네가 혼자가 아님을 깨달았다.

그의 길은 듣는 자들과 함께 이어지는 길이었다.

아이 : "엄마, 나도 나중에 나그네처럼 될 수 있어요?"

엄마 : "그럼. 길을 걷고, 본 것을 두려움 없이 말한다면 너도 증언자가 될 수 있지. 길 위의 사유는 특별한 사람만 하는 게 아니야. 누구나 걸으며 생각하고, 생각을 나누면 철학자가 되는 거지."

저녁이 깊어 가고 별빛이 장터를 덮었다.

사람들은 장터를 떠나 각자의 집으로 향했지만, 나그네의 발자국 소리는 오래 남았다. 그 소리는 단순한 걸음이 아니라, 삶을 묻는 질문이었고, 내일을 여는 대답이었다.

철학자가 마지막으로 정리했다.

"길 위의 사유는 끝나지 않는다네. 그의 발자국은 기록으로 남고, 그의 말은 철학으로 살아남네. 그러니 나그네의 증언은 단순한 과거가 아니라, 앞으로의 삶을 여는 사유라네."

그날 밤 허공에 떠오른 말풍선에는 이렇게 적혀 있었다.

"그의 발자국은 기록이고, 그의 말은 철학이다. 그 철학은 길 위에서 태어나, 다시 길 위로 흘러간다."

결론 : 길 위의 증언자

;

해가 저물 무렵, 나그네는 다시 길을 떠날 준비를 했다. 사람들은 그를 붙잡고 더 많은 이야기를 해 달라 했지만, 그는 고개를 저었다.

"나는 오래 머물 수 없습니다. 길이 나를 기다리니까요."

그의 말풍선은 바람을 타고 멀리 흘러갔다. 사람들은 그 풍선을 눈으로 따라가며 마음속에 기록했다. 나그네의 증언은 문서에 남지 않았지만, 사람들의 기억 속에 오래 남았다.

나는 마지막으로 그에게 물었다.

"당신의 길은 어디로 이어집니까?"

나그네 : "모든 길은 증언으로 이어집니다. 내가 본 것을 전하는 한, 길은 끝나지 않습니다."

그가 떠난 뒤에도 장터는 한동안 조용했다. 그러나 이내 호객 소리, 아이들의 웃음, 여인들의 노래가 다시 이어졌다. 나그네는 떠났지만, 그의 말풍선은 여전히 허공에 떠 있었다. 사람들의 입과 마음에서 증언은 살아남았고, 사람들은 그 말을 곱씹었다.

장터에서 오가는 곡식과 동전은 지역의 삶을 지탱했지만, 나그네의 목소리는 그 삶을 바깥 세상과 이어 주었다. 그의 증언은 낯선 땅의 소식을 가져와 장터에 심었고, 다시 장터의 이야기를 먼 길로 실어 나갔다. 그 다리가 있었기에 사람들은 좁은 삶에 갇히지 않고 더 넓은 세상을 상상할 수 있었다.

아이 : "엄마, 다리는 길처럼 생겼나요?"

저잣거리 말풍선

엄마 : "그래, 애야. 다리는 강을 건너게 하고, 나그네의 증언은 삶의 강을 건너게 하지. 우리가 직접 가보지 못한 세상을 그의 말이 데려와 주는 거야. 그래서 증언은 우리 삶을 넓히는 다리란다."

철학자가 덧붙였다.

"다리는 단순히 땅과 땅을 잇는 구조물이 아니네. 다리를 건너는 순간, 우리는 다른 풍경을 만나지. 나그네의 증언도 그러하다네. 그의 말은 단순히 보고 들은 사실이 아니라, 우리를 다른 삶과 연결하는 길이지. 증언을 듣는 순간, 우리는 더 이상 혼자가 아니다."

광대가 방울을 흔들며 농담을 던졌다.

"허허, 다리가 없으면 우리는 모두 강물에 빠져 죽겠지요! 그러나 나그네의 말이 다리라면, 나는 그 다리 위에서 춤이나 추겠소. 웃음은 그 다리를 더 단단하게 만드는 못이 아니겠소?"

사람들은 크게 웃었지만, 곧 고개를 끄덕였다.

웃음과 증언이 함께할 때, 다리는 더 튼튼해졌다.

나그네는 조용히 말을 이었다.

"내 발자국은 나의 길이지만, 내 증언은 우리의 길이오. 나 혼자 걸어온 길이라도, 그것을 나누는 순간 모두의 길이 된다오. 이 다리를 건너는 건 나만이 아니라, 나와 함께 듣는 모든 이들이지."

아이 : "엄마, 나도 나중에 다리를 만들 수 있어요?"

엄마 : "그럼. 네가 본 것을 솔직히 말하고, 남의 이야기에 귀 기울인다면, 너도 증언자가 될 수 있단다. 그때 네 말이 또 다른 다리가 되어 누군가를 세상과 이어 줄 거야."

저녁이 깊어지자 장터의 불빛이 하나둘 꺼졌다. 그러나 나그네가 남긴 말은 어둠 속에서도 희미한 빛을 냈다. 그 빛은 곧 다리 위를 밝히는 등불이었다.

사람들은 자신도 모르게 마음속에서 다리를 건너고 있었다.

과거에서 미래로, 지역에서 세상으로, 고독에서 연대로.

철학자가 정리했다.

"증언은 단순한 목격의 보고가 아니다. 증언은 사람들을 잇는 다리이고, 세상을 향해 열린 문이지. 나그네의 증언이 있는 곳에서 저잣거리는 더 이상 작은 장터가 아니다. 그것은 세계와 연결된 하나의 문명이고, 삶을 나누는 학교다."

그날 밤, 허공에 떠오른 마지막 말풍선에는 이렇게 적혀 있었다.

"나그네의 증언은 저잣거리를 세상과 연결하는 다리였다. 그리고 그 다리는 우리 모두의 발걸음 위에서 완성된다."

말풍선 요약 메모

- 나그네는 장터를 스쳐 지나가며 다른 세상의 소식과 이야기를 전함.
- 그의 말은 단순한 잡담이 아니라, 시대의 증언이자 내일의 길잡이.
- 전쟁·가뭄·풍년·정치 이야기 등 → 민중은 그를 통해 세상을 배움.
- 나그네의 목소리는 허공에 흩어지는 듯하나, 사람들의 기억에 남아 내일을 준비하게 함.
- 장터 사람들은 그의 이야기를 통해 자신의 삶을 상대화하고, 더 넓은 세상을 상상함.
▶ 나그네는 길 위의 방랑자가 아니라, 민중의 증언자이자 내일을 여는 안내자였다.

8장

철학자 - 질문을 흩뿌리는 자

철학자의 등장

;

저잣거리에 낯선 이가 또 나타났다. 그는 나그네와는 달리 발걸음이 가볍지 않았고, 상인과는 달리 좌판을 펴지도 않았다. 그의 손에는 장부 대신 두루마리, 저울 대신 펜이 있었다. 그러나 그는 글을 쓰지 않았다. 오직 묻고, 또 묻는 자였다. 사람들은 그를 '철학자'라 불렀다.

그는 장터에 들어서자마자 북적이는 군중을 바라보며 웃지도, 화내지도 않았다. 그리고 천천히 입을 열었다.

철학자 : "사람들이여, 오늘 당신들은 왜 여기에 모였는가?"

장정 : "쌀을 사려고 왔지!"

여인 : "아이들 옷감을 사야 하거든."

철학자 : "그러면 묻겠다. 쌀은 무엇이고, 옷은 무엇인가?"

사람들은 순간 어리둥절했다. 너무도 당연한 질문 같았기 때문이다. 그러나 곱씹어 보면 당연하지 않았다. 쌀은 배를 채우는 곡식이자, 동시에 노동의 땀이었다. 옷은 추위를 막는 천이자, 동시에 신분을 드러내는 장치였다. 철학자는 그 당연한 것을 낯설게 만들어 사람들의 마음을 흔들었다.

철학자의 첫 질문은 평범한 말처럼 들렸지만, 곧 장터의 공기를 뒤흔들었다. 그는 물건을 파는 것도 아니고, 노래를 부르는 것도 아니었으나, 그의 존재만으로도 사람들의 시선을 끌었다.

사람들은 그가 손에 쥔 저울이나 장부 대신, 눈빛에 담긴 물음을 보았다.

아이 : "엄마, 저 사람은 왜 자꾸 질문만 해요?"

엄마 : "애야, 질문은 답을 얻기 위한 것만이 아니란다. 질문은 우리가 그냥 지나치는 것, 너무 익숙해서 묻지 않았던 것을 다시 보게 하지. 철학자는 당연하다고 믿는 것을 낯설게 만들어, 우리 마음을 흔드는 사람이야."

철학자가 장터 한복판에 서서 물었다.

"여기 모인 사람들, 왜 우리는 같은 곡식을 두고 매번 다른 값을 매기는가? 곡식이 변했는가, 아니면 우리의 욕망이 변했는가?"

사람들은 서로 얼굴을 마주 보았다. 누구도 즉시 대답하지 못했다. 단순한 장사치의 말이 아니었고, 장부의 기록으로도 풀 수 없는 물음이었다.

나그네가 낮게 말했다.

"그의 질문은 답을 찾기보다, 우리 스스로에게 거울을 들이대는구나."

광대가 방울을 흔들며 웃었다.

"허허, 질문 하나가 장터의 흥정을 멈춰 세웠구려! 값 흥정보다 더 어려운 건, 자기 마음의 값을 매기는 일이겠지요."

사람들이 웃었지만, 그 웃음 속에는 불편한 침묵이 깃들었다.

철학자는 이어서 또 다른 물음을 던졌다.

"사람이 곡식을 사는가, 아니면 곡식이 사람을 사는가? 만약 우리가 곡식 없이는 살 수 없다면, 곡식이 우리를 지배하는 것 아닌가?"

아이들이 눈을 크게 뜨고, 어른들은 잠시 말을 잃었다.

그의 질문은 장터의 일상적인 장면을 낯설게 만들었고, 익숙한 삶을 다시 바라보게 했다.

엄마가 아이에게 속삭였다.

"철학자는 답을 주는 사람이 아니야. 오히려 질문을 던져서 우리가 스스로 답을 찾게 만드는 사람이란다. 그가 뿌리는 질문은 씨앗 같아. 오늘은 불편하고 낯설지만, 시간이 지나면 마음속에서 싹이 트지."

철학자가 마지막으로 던진 말풍선은 허공에 오래 머물렀다.

"당연한 것을 다시 물어라. 그 물음 속에서 삶이 새롭게 태어난다."

사람들은 그 말풍선에서 눈을 떼지 못했다.

그 당연한 것을 낯설게 만드는 힘이야말로 철학자의 등장 자체였다.

저잣거리 말풍선

질문의 힘

;

철학자는 물건을 팔지도, 노래를 부르지도 않았다. 그가 파는 것은 질문이었다. 질문은 눈에 보이지 않았지만, 말풍선으로 허공에 떠올랐다. 둥근 말풍선 안에 작은 물음표 하나가 깜빡였다. 사람들은 그 물음표를 붙잡아 생각에 잠기곤 했다.

철학자 : "돈은 무엇인가?"

상인 : "물건을 바꾸는 수단이지."

철학자 : "그렇다면 믿음 없는 돈은 여전히 돈인가?"

사람들의 표정이 굳었다. 그러나 이내 누군가 킥킥 웃었다. 질문은 웃음을 부르기도 했다. 왜냐하면 질문은 권위를 흔들었기 때문이다. 권위는 답을 독점했지만, 질문은 답을 흩뿌렸다.

철학자의 말은 단단한 돌처럼 장터 한가운데 떨어졌고, 그 충격으로 파문이 퍼지듯 사람들의 마음속에 여러 갈래의 대답이 생겨났다.

누군가는 맞다 고개를 끄덕였고, 누군가는 아니라고 부인했다. 그러나 중요한 것은 '맞다, 아니다'가 아니었다. 사람들이 스스로 대답을 만들어 내도록 자극하는 것, 그것이 질문의 힘이었다.

아이 : "엄마, 질문은 왜 답을 주지 않고 흩어져 버려요?"

엄마 : "애야, 질문은 씨앗과 같아서 한 곳에만 뿌려지지 않거든. 사람마다 마음 밭이 다르니까, 같은 질문이라도 다른 대답이 싹트는 거야. 그래서 질문은 하나지만, 답은 여러 갈래로 피어나는 거란다."

철학자가 던진 또 하나의 물음이 있었다.

"우리는 물건을 소유하는가, 아니면 물건이 우리를 소유하는가?"

사람들은 곧바로 답하지 못했다. 상인은 속으로 장부를 떠올렸고, 손님은 집에 쌓인 그릇들을 생각했다.

광대는 농담처럼 말했지만, 농담조차 진지하게 들렸다.

광대 : "허허, 내가 가진 건 방울 하나뿐인데, 이 방울이 나를 지배하는 건지, 내가 방울을 지배하는 건지 알 수가 없구려!"

사람들이 웃었지만, 그 웃음 속에서 질문은 더욱 깊어졌다.

철학자가 말을 이어 갔다.

"질문은 권력을 무너뜨리지 않는다. 그러나 권력의 균열을 보여 준다. 질문은 상처를 치유하지 않는다. 그러나 상처가 있다는 사실을 드러낸다. 질문은 답을 흩뿌리고, 그 흩어진 답이 모여 새로운 길을 만든다."

나그네가 고개를 끄덕이며 덧붙였다.

"나는 길 위에서 본 많은 마을이 질문 하나로 바뀌는 것을 보았네. 사람들이 다투던 장터에서 철학자가 '왜 싸우는가?' 묻는 순간, 그 싸움은 더 이상 단순한 흥정이 아니라 삶에 대한 물음이 되었지. 그 물음이 결국 화해의 씨앗이 되었다네."

아이 : "엄마, 질문이 그렇게 힘이 세면 무섭지 않아요?"

엄마 : "무서울 수 있지. 질문은 마음을 흔들고, 익숙한 걸 깨뜨리니까. 하지만 무섭기 때문에 더 소중한 거야. 그 질문 덕분에 우리가 어제와 다른 내일을 만들 수 있으니까."

철학자가 마지막으로 정리했다.

"질문은 해답이 아니다. 질문은 길 위의 표지판이다. 그 표지판이 없다면 우리는 어디로 가야 할지 모르고, 그 표지판이 있기에 비로소 다른 길을 찾게 된다. 질문이 흩뿌린 답은 하나의 진리가 아니라, 수많은

저잣거리 말풍선

가능성이다."

그날 밤 허공에 떠오른 철학자의 말풍선은 글자가 아닌 물음표 모양
이었다.

사람들은 각자의 방식으로 그 물음표를 읽었다.

누군가는 그것을 의심으로, 누군가는 희망으로, 또 다른 이는 도전
으로 받아들였다.

그리고 모두가 알았다. 질문은 답을 흩뿌리는 힘을 가진다는 것을.

민중과 철학

;

    철학자의 질문은 저잣거리 사람들의 삶과 맞닿아 있었다. 그는 하늘의 별이나 먼 나라의 전쟁만을 말하지 않았다. 장터의 흥정, 노인의 한숨, 아이의 울음 같은 사소한 것에서 질문을 길어 올렸다.

    철학자 : "아이들이 우는 까닭은 배가 고파서인가, 아니면 누군가의 품이 그리워서인가?"

    노인 : "둘 다일 수 있지."

    철학자 : "그렇다면 배고픔과 그리움은 어떻게 다른가?"

    사람들은 머뭇거렸지만, 곧 고개를 끄덕였다. 질문은 해답보다 더 오래 머물렀다. 해답은 입술을 지나 사라졌지만, 질문은 가슴에 남아 맴돌았다.

    민중은 대답을 내뱉고 잊을 수 있었다. 그러나 질문은 그들의 삶 깊숙이 스며들어, 밭을 갈고 저울을 들고 아이를 안는 순간마다 다시 고개를 들었다.

    철학자의 물음은 한 번의 대화로 끝나지 않고, 사람들의 생활 속에서 두고두고 반복되었다.

    아이 : "엄마, 왜 질문은 자꾸 남아 있는 거예요?"

    엄마 : "얘야, 답은 순간의 목마름을 채우지만, 질문은 삶 전체를 흔드는 물음이기 때문이란다. 오늘 대답했다 해도, 내일 같은 질문이 다시 돌아와 다른 얼굴을 보이게 돼. 민중의 철학은 바로 그렇게 살아 있는 질문에서 자라나는 거야."

저잣거리 말풍선

장터의 상인들이 흥정을 멈추고 철학자의 말을 곱씹었다.

"내가 곡식을 팔아 얻는 건 단순히 돈인가, 아니면 신뢰인가?"

그 질문은 장부에는 기록되지 않았지만, 그의 가슴에는 오래 남았다.

손님은 집으로 돌아가는 길에 속으로 중얼거렸다.

"나는 곡식을 사는가, 아니면 내 하루의 노동을 인정받는 건가?"

그 질문은 곡식보다 무거웠다.

철학자가 다시 물었다.

"민중의 삶이 곧 철학이라면, 그대들은 어떤 철학을 살고 있는가?"

사람들은 침묵했다. 그 침묵은 무지가 아니라, 질문을 자기 삶 속에 붙잡아 두려는 몸부림이었다.

답은 입술을 떠나지만, 질문은 가슴에 남아 삶을 흔들었다.

광대가 농담처럼 끼어들었다.

"허허, 대답은 늘 바람처럼 사라지지만, 질문은 돌처럼 남는 법이지요. 그래서 철학자는 대답을 파는 장사꾼이 아니라, 질문을 심는 농부 아니겠소?"

사람들이 웃었지만, 웃음 속에서 고개를 끄덕였다.

그 말은 농담이 아니라 진실에 가까웠다.

나그네가 덧붙였다.

"길 위에서 본 민중은 늘 대답을 찾고 있었네. 하지만 더 중요한 건 대답보다 질문이었지. 질문은 그들을 멈추게 하고, 돌아보게 하고, 때로는 화해하게 했네. 질문이야말로 민중의 철학을 살아 있게 만드는 힘이네."

엄마는 아이의 손을 잡으며 속삭였다.

"애야, 답을 몰라도 괜찮단다. 중요한 건 질문을 잃지 않는 거야. 답은 사라질 수 있어도, 질문은 네 삶을 붙잡아 줄 거야."

그날 장터의 허공에는 커다란 말풍선 하나가 떠올랐다.

그 안에는 물음표가 가득했지만, 그것은 두려움의 표식이 아니라 희망의 징표였다.

사람들은 알았다.

해답은 입술을 지나 사라질지라도, 질문은 가슴 속에 남아 민중의 철학이 된다는 것을.

저잣거리 말풍선

권위와의 충돌

;

아전이 다가와 철학자에게 따졌다.

아전 : "쓸데없는 말로 민중의 마음을 어지럽히지 말라. 질문은 반란의 씨앗이다."

철학자 : "아니, 질문은 반란의 씨앗이 아니라 사유의 씨앗이다. 씨앗이 자라면 나무가 되고, 나무가 그늘을 만든다. 권위는 그늘을 두려워하는 것인가?"

아전의 얼굴이 굳었다. 그러나 곧장을 들지 못했다. 왜냐하면 질문은 잡을 수 없었기 때문이다. 질문은 바람 같아, 손으로 붙잡으면 흩어졌다. 민중은 웃음을 터뜨렸다. 웃음은 철학자의 편에 섰다.

장터 한가운데서 철학자의 물음이 권위와 맞부딪혔다.

관리들은 불편한 기색을 감추지 못했고, 상인들 중 일부는 두려움에 시선을 돌렸다.

그러나 민중은 웃었다. 그 웃음은 단순한 즐거움이 아니라, 권위의 칼날을 무디게 만드는 방패이자 철학자의 물음을 지지하는 신호였다.

아이 : "엄마, 왜 다들 웃고 있는데 관리들은 화를 내요?"

엄마 : "얘야, 웃음은 단순히 재미가 아니라 힘이야. 권위는 두려움 속에서 유지되지만, 웃음은 그 두려움을 깨뜨리거든. 그래서 관리들은 웃음을 무섭게 보는 거란다."

철학자가 물었다.

"권위란 무엇인가? 사람을 지배하는 힘인가, 아니면 두려움을 씌우는 가면인가? 만약 사람들이 두려워하지 않는다면, 권위는 여전히 권위일까?"

사람들은 숨을 죽였고, 관리들은 얼굴이 굳었다.

그 순간 광대가 방울을 흔들며 장난스럽게 말했다.

"허허, 권위란 건 말풍선 같은 것 아니겠소? 안에는 공기뿐인데, 겉만 크게 보여 겁을 주는 거지요."

사람들은 폭소를 터뜨렸다.

그 웃음은 철학자의 편에 섰고, 권위의 그림자를 걷어냈다.

나그네가 조용히 덧붙였다.

"길 위에서도 똑같았네. 칼을 든 권력 앞에선 모두가 침묵했지만, 누군가의 웃음 한 마디가 사람들을 깨우곤 했지. 그 웃음은 단순한 농담이 아니라, 권위와의 충돌에서 살아남는 언어였네."

철학자가 다시 물었다.

"만약 권위가 진실을 두려워한다면, 웃음은 왜 권위의 적이 되는가? 그리고 우리는 왜 그 웃음에 끌리는가?"

대답은 나오지 않았다. 대신 사람들의 가슴 속에서 무언가가 움트고 있었다. 그것은 두려움이 아닌 자유였다.

아이 : "엄마, 웃음만으로도 이길 수 있어요?"

엄마 : "이기는 게 중요한 게 아니란다. 웃음은 권위의 힘을 드러내고, 사람들이 두려움을 벗게 해 주는 거야. 그 순간 권위는 이미 힘을 잃은 셈이지."

장터의 밤공기는 팽팽했지만, 웃음은 날카로운 긴장을 녹여냈다. 권위와 철학자의 충돌은 아직 끝나지 않았지만, 민중의 웃음은 이미 방향을 정해 주었다. 그 웃음 속에서 사람들은 자유를 맛보았고, 철학자는 진실을 말할 용기를 얻었다.

저잣거리 말풍선

철학자가 마지막으로 말했다.

"권위가 무너지는 것은 칼에 의해서가 아니라 웃음에 의해서다. 웃음은 민중의 편에 서고, 민중의 웃음은 철학자의 질문을 지켜 준다. 그러니 웃음은 단순한 유희가 아니라, 권위와의 충돌에서 태어난 또 다른 철학이다."

그날 허공에 떠오른 말풍선에는 이렇게 적혀 있었다.

"웃음은 철학자의 편에 섰다. 그것은 권위의 가면을 찢는 칼날이자, 민중의 해방을 알리는 종소리였다."

광대와 철학자

;

  나는 광대로서 철학자와 눈이 마주쳤다. 나는 웃음으로 말했고, 그는 질문으로 말했다. 우리는 서로 다른 길을 걷는 듯 보였지만, 결국 같은 목적을 향하고 있었다. 진실을 드러내는 것.

  나(광대) : "나는 웃겨서 답을 흐리고, 그 흐림 속에서 진실을 보게 하지."

  철학자 : "나는 물어 답을 흔들고, 그 흔들림 속에서 진실을 보게 하지."

  우리는 서로 웃었다. 웃음과 질문은 같은 동전의 양면이었다.

  광대와 철학자는 서로 다른 길을 걷는 듯 보였지만, 장터의 사람들 눈에는 그들의 발걸음이 묘하게 닮아 있었다.

  광대는 웃음으로 권위를 흔들었고, 철학자는 질문으로 일상을 낯설게 만들었다. 한쪽은 소란으로, 다른 한쪽은 침묵으로 사람들을 흔들었지만, 그 목적은 같았다.

  사람들이 잊고 있던 진실을 다시 보게 하는 것.

  아이 : "엄마, 광대 아저씨는 웃기려고 하고 철학자 아저씨는 생각하게 만들잖아요. 그런데 왜 둘이 닮았다고 해요?"

  엄마 : "애야, 웃음도 질문도 사람을 멈추게 하지. 광대는 배꼽을 잡게 해서 멈추게 하고, 철학자는 고개를 갸웃거리게 해서 멈추게 해. 둘 다 그냥 지나칠 수 없는 순간을 만들어 주는 거야. 그 순간이 바로 깨달음이 싹트는 자리란다."

철학자가 말했다.

"광대가 없었다면 내 질문은 돌처럼 무거웠을 것이다. 그의 웃음이 있어 질문은 가볍게 흩날리고, 사람들은 더 쉽게 받아들일 수 있지."

광대가 방울을 흔들며 받아쳤다.

"허허, 내가 없었다면 철학자의 말은 너무 무거워서 민중이 지치고 말았겠지요. 내 웃음이 그 무게를 덜어 주고, 철학자의 질문이 내 웃음을 진지하게 만들어 주는 셈이지요."

사람들은 크게 웃었지만, 그 웃음 뒤에는 묵직한 깨달음이 따라왔다.

나그네가 고개를 끄덕이며 덧붙였다.

"길 위에서도 그랬네. 어떤 이는 농담으로 진실을 전했고, 어떤 이는 질문으로 진실을 드러냈지. 다른 옷을 입었을 뿐, 결국 같은 얼굴이었다네."

아이 : "엄마, 그럼 광대랑 철학자는 친구예요?"

엄마 : "그렇다고 할 수 있지. 둘은 서로 다르지만, 서로를 필요로 하는 친구야. 웃음이 없는 질문은 너무 차갑고, 질문이 없는 웃음은 너무 가볍거든. 그래서 함께 있을 때 비로소 온전해지는 거야."

철학자는 마지막으로 정리했다.

"웃음과 질문은 다르지 않다. 둘 다 사람들의 마음을 흔들고, 권위를 비틀고, 삶을 다시 바라보게 하지. 광대와 철학자는 다른 길을 걷지만, 결국 같은 곳으로 향한다. 웃음과 질문은 같은 동전의 양면이자, 저잣거리의 두 날개다."

그날 허공에 떠오른 말풍선에는 이런 글씨가 새겨졌다.

"웃음은 질문의 또 다른 얼굴, 질문은 웃음의 또 다른 이름이다."

철학적 사유

;

  나는 철학자의 질문을 곱씹으며 북을 두드렸다. 왜 우리는 먹고, 왜 우리는 흥정하고, 왜 우리는 살아야 하는가. 질문은 대답을 강요하지 않았다. 오히려 대답이 많아질수록 더 깊은 질문이 솟았다.

"삶은 무엇인가?"

"삶은 서로의 질문을 받아 주는 과정이 아닐까."

  저잣거리는 어느새 거대한 강의실이 되었다. 상인과 손님, 여인과 아이, 나와 아전까지 모두가 질문의 제자가 되었다.

  장터의 공기는 여전히 시끌벅적했지만, 사람들의 마음속에는 보이지 않는 고요가 찾아왔다. 그 고요는 단순한 침묵이 아니라, 스스로를 되묻는 사유의 시간이었다.

  철학자의 물음은 대답을 요구하지 않았다. 오히려 대답하지 못하게 만들고, 그 불편함 속에서 새로운 생각을 태어나게 했다.

  아이 : "엄마, 질문이 선생님이라면 우리는 뭐예요?"

  엄마 : "우리는 제자지. 질문은 늘 우리를 시험해. '왜 살아야 하는가?', '무엇이 옳은가?', '무엇이 참된가?' 같은 물음 앞에서 우리는 늘 대답을 찾아 헤매잖니. 그 과정에서 우리는 배우고, 조금씩 달라지는 거야."

  철학자가 던진 질문은 장터를 넘어 집과 길, 그리고 사람들의 마음 깊숙이 따라갔다.

  상인은 저울을 보며 스스로에게 물었다.

"나는 이 저울을 정직하게 쓰고 있는가?"

손님은 집에 돌아와 빵을 나누며 속으로 중얼거렸다.

"나는 이 빵을 왜 이렇게 소중히 여기는가?"

작은 물음이었지만, 그 물음이 쌓이자 삶은 달라 보였다.

광대가 방울을 흔들며 말했다.

"허허, 결국 질문은 우리 모두를 제자로 만들었구려. 나도 웃음을 팔지만, 사실은 질문에 이끌려 살아왔지. '왜 사람들은 웃는가?', '왜 웃음을 두려워하는가?' 이런 질문이 나를 광대로 만들었지요."

사람들은 웃었지만, 그 웃음 속에 공감이 스며 있었다.

나그네도 고개를 끄덕였다.

"길 위에서도 그랬네. 질문은 늘 나를 멈추게 하고, 다른 길을 보게 했지. 나는 증언자였지만, 동시에 질문의 제자였네. 걸음마다 '왜?'라는 물음이 내 발자국 속에 남았지."

아이 : "엄마, 질문이 많으면 피곤하지 않아요?"

엄마 : "피곤하지. 하지만 질문이 없는 삶은 돌처럼 굳어 버린단다. 질문은 우리를 흔들고, 그 흔들림이 우리를 살아 있게 하지."

철학자가 마지막으로 정리했다.

"질문은 답을 지배하지 않는다. 질문은 답을 낳게 한다. 그 앞에서 우리는 모두 제자가 된다. 철학은 스승의 권위에서 시작되는 게 아니라, 질문의 겸손에서 시작되는 것이다."

그날 허공에 떠오른 말풍선에는 이렇게 적혀 있었다.

"모두가 질문의 제자가 되었다. 질문은 스승이었고, 우리는 늘 배우는 자였다."

결론 : 질문을 흩뿌리는 자

;

해가 저물고 철학자가 떠나려 할 때, 누군가 물었다.

"당신은 왜 대답하지 않습니까?"

철학자 : "대답은 순간을 살리고, 질문은 시간을 산다. 나는 시간을 흩뿌리려 한다."

그가 떠난 뒤에도 그의 말풍선은 허공에 남아 있었다. 물음표 하나가 달빛에 반짝이며 장터 위를 떠돌았다. 사람들은 그 물음표를 각자의 가슴에 담았다.

나는 북을 치며 속으로 되뇌었다.

"웃음이 민중을 자유롭게 한다면, 질문은 민중을 깊게 한다."

철학자는 떠났지만, 그의 질문은 남았다. 그것이 바로 길 위의 증언자와 다른, '저잣거리의 사유자'로서 철학자의 자리였다.

그 자리는 왕좌도 아니었고, 학자의 강단도 아니었다.

철학자는 장터의 먼지와 소란 속에서, 곡식 냄새와 웃음소리 사이에서 사유했다. 그의 질문은 고요한 서재에서 태어난 것이 아니라, 삶의 소음 한가운데서 길러졌다. 그래서 그의 말은 살아 있었고, 민중은 그 말 속에서 자신들의 얼굴을 보았다.

아이 : "엄마, 철학자는 왜 장터에 있어요? 멋진 집이나 궁궐에도 갈 수 있잖아요."

엄마 : "애야, 철학의 자리는 늘 사람들 곁이란다. 권력 가까이 있으면 질문이 입을 닫고, 민중 곁에 있으면 질문이 다시 태어나지. 철학자

가 장터에 있는 건, 그곳이 삶이 모이는 자리이기 때문이지."

철학자의 질문은 저잣거리의 공기를 흔들고, 동시에 새로운 길을 열었다. 그는 대답을 내리려 하지 않았다. 대신 질문을 흩뿌려 사람들로 하여금 스스로 답을 찾게 했다. 그 과정에서 민중은 제자가 되었고, 저잣거리는 하나의 커다란 학교가 되었다.

광대가 방울을 흔들며 웃었다.

"허허, 철학자의 자리는 화려하지도, 편하지도 않구려. 하지만 그의 질문이 없었다면 내 웃음도 힘을 잃었을 것이오. 웃음과 질문이 함께 있었기에 장터가 살아 숨쉰 것이지요."

나그네도 고개를 끄덕였다.

"맞네. 내가 증언을 전할 수 있었던 것도, 철학자의 질문이 내 발자국에 의미를 주었기 때문이지. 그의 자리는 저잣거리였고, 그의 질문은 세상을 잇는 다리였네."

아이 : "엄마, 철학자의 질문은 언제 끝나요?"

엄마 : "끝나지 않아. 질문은 대답보다 오래 살아남거든. 오늘의 질문은 내일 또 다른 모습으로 돌아오고, 그렇게 세대를 이어 흘러가며 우리를 살아 있게 하지."

철학자는 마지막으로 말했다.

"나는 답을 지니지 않았다. 나는 질문을 지닌 자였다. 내 질문이 흩어져 민중의 삶에 뿌려진다면, 그것이 곧 나의 철학이자 자리일 것이다."

그날 허공에 떠오른 마지막 말풍선은 크고 단단했다.

그 속에는 한 마디 문장이 적혀 있었다.

"철학자의 자리는 저잣거리였다. 그는 질문을 흩뿌리는 자, 그리고 민중과 함께 사유하는 자였다."

- 철학자의 역할 = 답을 주는 자가 아니라 질문을 던지는 자.
- 그의 질문은 장터의 일상 속에서 사람들을 멈추게 하고, 스스로 생각하게 만듦.
- 질문은 권위의 언어를 흔들고, 민중의 언어와 만나 새로운 사유의 공간을 열어 줌.
- 철학자의 목소리는 화려하지 않았지만, 사람들의 마음속에 오래 남음.
- 질문은 답보다 더 강한 힘 → 사람들을 내일로 움직이게 하는 씨앗.
▶▶ 철학자는 저잣거리의 변방에 서 있었지만, 그의 질문은 결국 공동체의 중심을 흔드는 울림이었다.

9장

눈물 - 마음의 강을 흐르게 하는 것

눈물의 시작

;

저잣거리에선 웃음만큼이나 눈물도 흔했다. 웃음이 장터의 소금이라면, 눈물은 장터의 강물이었다. 사람들의 삶이 흘러드는 길마다 눈물이 고여 있었다. 아이를 잃은 어머니의 통곡, 굶주림에 지친 노인의 눈물, 실패한 상인의 눈시울, 심지어 권위자의 눈가에도 몰래 맺히는 눈물이 있었다.

나는 광대로서 웃음을 팔았지만, 눈물 앞에서는 늘 무력해졌다. 그러나 곧 깨달았다. 눈물은 무력함이 아니라, 다시 시작할 힘을 주는 원천이었다. 눈물이 없으면 웃음도 자라지 않았다. 웃음은 빛이었고, 눈물은 그 빛을 비추는 물이었다.

장터 한가운데, 사람들의 웃음이 잦아들 무렵이었다. 한 여인이 허공을 바라보다가 갑자기 두 손으로 얼굴을 감쌌다. 그녀의 어깨가 들썩이며 작은 흐느낌이 흘러나왔다. 그 순간 곁에 있던 이웃이 다가와 조심스레 물었다.

이웃 : "무슨 일입니까? 장터 한복판에서 왜 눈물을 흘리시나요?"

여인 : "어젯밤, 아이가 열에 시달리다 내 품에서… 끝내 숨을 고르지 못했어요."

말이 끝나자 그녀의 눈에서 굵은 눈물이 돌바닥 위로 떨어졌다. 돌바닥은 그 눈물을 흡수하지 못하고, 작은 물방울을 반짝이며 튕겨 냈다. 사람들은 발길을 멈추고 그녀를 둘러보았다. 침묵이 장터를 덮었다.

저잣거리 말풍선

장정 : "아이고… 이런 일이…."

노인 : "이런 눈물이야말로 강이 되어 세상을 적시는 법이지."

여인의 울음은 단순한 개인의 슬픔이 아니었다. 그것은 곁에 선 모든 이들의 가슴을 흔드는 첫 물결이었다. 장터의 소란은 사라지고, 눈물의 소리가 돌바닥을 울렸다.

한순간, 온 세상이 멈춘 듯 고요가 찾아왔다. 잠시 전까지만 해도 흥정을 벌이며 목청을 높이던 상인들의 외침, 아이들이 뛰노는 웃음소리, 길거리 악사들이 켜던 피리 소리조차 이 순간만큼은 힘을 잃었다. 누군가의 울음은 단순한 개인의 감정이 아니라, 장터 전체의 공기를 바꾸어 놓는 힘을 지니고 있었다.

눈물은 언제나 그렇듯, 말보다 앞서 마음의 진실을 드러냈다. 웃음은 사람들 사이의 거리를 좁히지만, 눈물은 그보다 더 깊은 곳에서 인간의 심장을 맞붙게 한다. 눈물을 흘리는 이는 약해진 것이 아니라, 오히려 가장 진실한 순간에 서 있는 것이다. 사람들은 그것을 본능적으로 느끼며, 울고 있는 이 앞에서 더 이상 가벼운 농담도, 얄팍한 계산도 이어갈 수 없게 된다.

"왜 저리 우는 걸까?" 장터 한쪽에서 누군가 낮게 속삭였다.

그러나 대답하는 이는 없었다. 사람들은 그 사연을 몰라도, 그 눈물의 무게를 느꼈다. 눈물은 설명을 기다리지 않았다. 이미 흘러내리는 순간, 그것은 누구의 사정이든 초월하여, 곁에 있는 모든 이들의 마음을 흔들어 놓았다.

돌바닥에 떨어진 눈물이 작은 물방울을 이루고, 햇빛을 받아 반짝였다. 그 빛은 마치 하늘에서 내려온 한 조각의 별처럼 장터 한복판에 자리 잡았다. 그것은 슬픔의 표식이면서도 동시에 생명의 징표였다. 살아 있는 존재만이 울 수 있고, 눈물은 존재가 버티고 있다는 증거였기 때문이다.

눈물은 고통의 언어이지만, 동시에 회복의 언어이기도 하다. 장터 사람들은 알고 있었다. 울음 뒤에 찾아오는 고요는 늘 새로운 힘을 길러 주었다는 것을. 눈물을 참고 살아온 날보다, 눈물을 쏟아낸 날이 더 오래 기억되는 이유가 바로 여기에 있었다.

그 순간 장터는 장터가 아니었다. 그것은 하나의 무대이자 증언의 장소였다. 한 사람의 눈물이 다수의 마음을 불러내어, 저마다 가슴속 깊은 곳에 묻어 둔 상처와 추억을 흔들어 깨우고 있었다. 상인도, 아이도, 거지들도 모두 자신이 흘렸던 눈물을 떠올리며 서 있었다. 어떤 이는 부모를 잃던 날의 기억을, 어떤 이는 가난에 굴복해야 했던 순간을, 또 어떤 이는 이별을 고하던 그날을 불시에 떠올렸다.

눈물이 돌바닥을 적셔 흐르는 동안, 장터는 잠시 하나의 강이 되었다. 목마른 대지는 그 강을 삼키고, 사람들의 마음은 그 강에 비추어졌다. 그 강물은 슬픔으로만 이루어진 것이 아니었다. 그 안에는 사랑, 회한, 용서, 그리고 아직 도착하지 않은 미래의 희망까지 뒤섞여 있었다.

울음은 끝내지 못한 말들의 끝이자, 시작이었다. 누군가는 울음을 삼키고, 또 다른 누군가는 울음을 터뜨리며, 그 자리에서 서로의 인간됨을 확인했다. 눈물은 삶을 허물지 않고, 오히려 다시 세워 주는 힘을 지니고 있었다.

그래서였다. 장터의 소란이 잠잠해지고, 눈물의 소리가 울려 퍼진 이 순간, 사람들은 깨달았다. 인간이 진정으로 서로를 이해하는 길은 말의 교환이 아니라, 눈물이 흐르는 자리에서 시작된다는 것을.

눈물이 모이는 자리

;

    잠시 후, 다른 이들도 차례로 입을 열었다. 장터의 한쪽에 있던 노파가 여인의 곁으로 다가와 주름진 손을 잡았다.

    노파 : "나도 옛날에 그랬지. 굶주림에 아이를 보내고, 울다 지쳐 쓰러지기도 했단다."

    여인 : "어머니… 그럼 어떻게 다시 살아낼 수 있었나요?"

    노파 : "사람들이 내 울음을 함께 들어주었어. 그 덕에 내 눈물이 혼자가 아니라는 걸 알았지."

    그 옆에 있던 젊은 장정도 고개를 끄덕이며 말했다.

    장정 : "나는 전쟁터에서 동무를 잃었소. 그때는 내 눈물이 쓸모없는 줄 알았는데… 지금 생각하니 그 눈물이 살아남은 나를 붙잡아 주었구려."

    사람들의 고백이 이어지자, 장터는 어느새 거대한 눈물의 그릇이 되었다. 누군가의 눈물이 다른 이의 눈물과 합쳐지고, 그 합쳐진 물방울은 강물처럼 흐르기 시작했다. 말풍선 속에서도 하나둘 눈물이 담겨 허공을 떠다녔다.

    광대 : "보시오, 이 눈물은 우리를 무너뜨리지 않는다. 오히려 우리를 이어 주는 강물이 되는 것이오."

    그 말에 사람들은 서로의 어깨를 잡았다. 슬픔이 모이는 그 자리는 동시에 연대의 자리가 되었다. 울음이 퍼져 나가며, 저잣거리는 거대한 마음의 강을 품기 시작했다.

누군가의 울음이 시냇물이 되어 흘러나오자, 그 옆의 또 다른 이의 눈물은 개울이 되어 합류했다. 저마다의 사연은 달랐지만, 그 눈물이 향하는 방향은 같았다. 그렇게 모여드는 눈물은 어느덧 돌바닥을 따라 번져 나가, 장터를 거대한 강으로 변모시켰다.

사람들은 그 강가에 서 있었다. 울지 않는 이조차도 그 강을 외면할 수 없었다. 자신은 눈물을 흘리지 않았어도, 강물의 흐름 속에서 이미 마음이 젖어들고 있었기 때문이다. 저잣거리는 더 이상 물건을 사고파는 곳이 아니었다. 삶의 무게가 쏟아져 내려 하나의 물결로 이어지는 영혼의 장소였다.

"나만 그런 게 아니었구나."

누군가 조용히 중얼거렸다. 그 말에 여러 사람들이 고개를 끄덕였다. 눈물은 고립을 깨뜨렸다. 각자가 안고 있던 슬픔은 본래는 외딴 섬 같았다. 그러나 눈물이 모이자, 그 섬들은 다리를 잇듯 연결되었고, 사람들은 홀로 서 있지 않음을 느꼈다.

강물이 깊어질수록, 저마다의 기억이 비쳐 올랐다. 한 노인은 젊은 날 전쟁터에서 잃어버린 벗을 떠올렸고, 한 여인은 가난으로 떠나보낸 자식을 생각하며 입술을 떨었다. 젊은 장정은 떠나간 연인의 마지막 뒷모습을 떠올리며 주먹을 움켜쥐었고, 어린아이는 이유를 알지 못한 채 그 물결에 휩쓸려 울음을 터뜨렸다. 그 모든 눈물이 섞이고 또 섞이며, 장터는 하나의 커다란 고백의 장이 되었다.

돌아보면, 눈물이 모인 자리는 언제나 공동체의 시작이었다. 혼자서 흘리는 눈물은 슬픔이지만, 함께 모여드는 눈물은 언약이 된다. 그것은 서로를 붙잡아 주는 약속이자, 다시 살아내겠다는 다짐이기도 했다. 울음이 잦아들면, 남는 것은 새로운 연대였다. 저잣거리는 바로 그 연대의 강을 품고 있었던 것이다.

저잣거리 말풍선

강물은 비단 슬픔만을 싣지 않았다. 눈물이 흘러내린 자리에 새로운 씨앗이 떨어졌다. 씨앗은 눈물의 물기를 먹고 싹을 틔우려 했다. 사람들은 그것을 보며 알았다. 눈물이 흐르는 자리야말로 다시 시작할 수 있는 자리라는 것을. 그래서 눈물이 모인 저잣거리는 더 이상 비극의 공간이 아니었다. 그것은 새로운 생명을 품는 대지였다.

저잣거리는 웅성거림을 멈추고, 깊은 강물의 숨결을 들이켰다. 강은 말없이 흘렀고, 그 흐름은 사람들의 가슴속에도 번져 갔다. 울음은 각자의 것이었으나, 강물은 모두의 것이었다. 그리하여 그날 저잣거리는 하나의 거대한 마음의 강을 품은 채, 인간이 인간으로 서는 자리를 증언하고 있었다.

아이들의 눈물

;

아이들의 눈물은 순수했다. 한 아이가 장터에서 잃어버린 나무 인형을 찾아 울고 있었다. 사람들은 처음엔 귀찮아했지만, 곧 눈물에 이끌려 모두가 인형을 찾아 나섰다. 누군가가 인형을 찾아 아이 손에 쥐여 주자, 아이의 눈물이 웃음으로 바뀌었다.

그 순간 장터 사람들은 깨달았다. 눈물은 사람을 움직이는 힘이라는 것을. 아이의 눈물이 없었다면, 아무도 발걸음을 멈추지 않았을 것이다.

"눈물은 마음의 신호다. 무시할 수 없는 신호다."

아이들의 눈물은 저잣거리에 연민을 불러일으켰고, 그 연민이 공동체를 묶었다.

아이들의 눈물은 언제나 가장 순수한 언어였다.

어른들이 세상의 무게를 견디며 울음을 억누르는 동안, 아이들은 이유를 알 수 없는 울음을 터뜨리곤 했다. 그 울음은 때로는 배고픔 때문이었고, 때로는 두려움 때문이었으며, 때로는 그저 이해받고 싶은 마음의 몸짓이었다. 그러나 그것이 무엇에서 비롯되었든, 사람들은 아이들의 눈물을 들을 때마다 자기 마음속에 숨겨 둔 가장 여린 부분을 떠올렸다.

장터 한복판에서 아이 하나가 울음을 터뜨렸다. 처음엔 얇고 떨리는 목소리였으나, 곧 그것은 돌담을 타고 퍼져 나가며 사람들의 가슴을 두드렸다. 지나가던 이들이 발걸음을 멈추었고, 물건을 파는 상인들조차 손을 멈추고 그 울음을 바라보았다. 아이의 작은 얼굴에 흐르는 눈물은 그 자체로 한 편의 진실이었다.

어른들은 아이의 울음을 보며 자신이 지나온 길을 떠올렸다. 누구나 한때는 저와 같은 어린아이였음을, 울음으로밖에 세상에 말을 건넬 수 없던 시절이 있었음을 기억했다. 그래서 아이의 눈물은 단순히 한 가정의 일이 아니라, 공동체 전체의 일이 되었다. 아이를 달래는 손길은 그 부모의 몫만이 아니라, 장터에 모인 모두의 몫이 되었다.

"괜찮아, 울어도 돼."

누군가 아이를 안으며 속삭였다. 그 목소리는 단지 한 사람의 위로가 아니었다. 그것은 장터에 모인 모두가 함께 건네는 말처럼 들렸다. 아이의 눈물은 위로의 언어를 불러냈고, 그 언어는 사람들의 마음을 단단히 엮어 냈다.

아이들의 눈물은 또한 희망의 징표였다. 그 울음은 아직 꺼지지 않은 생명의 불빛이자, 내일로 이어지는 다리였다. 아이가 운다는 것은 여전히 살아 있고, 여전히 누군가의 품을 필요로 한다는 신호였다. 그렇기에 사람들은 아이의 울음을 두려워하지 않고, 오히려 그 속에서 내일을 보았다.

저잣거리의 아이들이 울 때, 그 울음은 공동체를 흔들었고, 동시에 공동체를 단단하게 묶어 주었다. 그것은 단순한 연민을 넘어, 함께 살아가야 한다는 오래된 진리를 일깨웠다. 그 연민이 공동체를 묶었다.

여인들의 눈물

;

여인들의 눈물은 고단했다. 무거운 짐을 진 채로, 집안일을 감당한 뒤, 아이를 돌보며 짓는 눈물은 조용히 흘렀다. 큰 소리로 울지 않아도, 그 눈물은 깊었다.

어느 여인이 좌판에 앉아 고기를 팔며 눈시울을 훔쳤다. 남편이 떠난 지 오래라 홀로 아이들을 키워야 했다. 나는 가까이 다가가 농담을 건넸지만, 그녀는 웃으며 대답했다.

여인 : "광대 양반, 웃어야 사는 줄 알지만, 눈물 흘려야 버티는 줄도 알아야지요."

그 말에 나는 고개를 끄덕였다. 웃음은 삶을 지탱했지만, 눈물은 삶을 씻어냈다. 여인들의 눈물은 슬픔이 아니라 힘의 다른 얼굴이었다. 눈물은 흔히 나약함의 상징으로 여겨지지만, 여인들의 눈물은 언제나 그렇지 않았다. 그것은 삶의 무게를 감당하면서도, 무너지지 않고 다시 일어서기 위해 흘리는 강물 같은 것이었다. 여인들의 눈물은 남몰래 흘러내리는 작은 물방울 같았지만, 그 속에는 세상을 버티게 하는 힘과 인내가 숨어 있었다.

시대와 장소를 막론하고, 여인들은 늘 공동체의 무게를 짊어지고 살아왔다. 가난한 살림을 꾸리며 아이들을 먹여 살려야 했고, 남편이 전쟁터로 나가면 홀로 집안을 지켜야 했다. 억울한 일을 당하고도 감히 목소리를 높이지 못했을 때, 그 억눌린 감정은 눈물이 되어 흘러나왔다. 그러나 그 눈물은 패배의 표시가 아니었다. 그것은 스스로의 고통

저잣거리 말풍선

을 인정하면서도 끝내 버텨 내겠다는 다짐의 언어였다.

장터에서 물건값을 깎아 달라고 실랑이를 벌이던 여인이 물건을 팔지 못해 눈시울을 붉히는 순간에도, 그녀는 다음 날 또다시 장터로 나왔다. 밥을 굶기고 싶지 않다는 마음, 자식에게는 조금이라도 더 나은 미래를 물려주고 싶다는 소망이 눈물 속에 스며 있었다. 여인들의 눈물은 무너짐이 아니라 다시 일어설 준비였다.

눈물은 또한 사랑의 다른 표현이기도 했다. 아이가 병상에서 신음할 때, 어머니는 눈물로 아이의 열기를 식히려 했다. 남편이 돌아오지 않는 밤, 아내의 눈물은 기다림의 또 다른 이름이었다. 그 눈물은 단순한 슬픔을 넘어서, 사랑이 얼마나 깊은지를 증명하는 힘이었다. 여인들의 눈물은 타인을 향한 헌신의 흔적이었고, 누군가를 끝까지 지켜내려는 약속의 언어였다.

역사를 돌아보면, 수많은 여인들의 눈물이 역사의 뒤안길을 적셨다. 전쟁터로 자식을 떠나보내야 했던 어머니들의 눈물, 일제 강점기 강제 동원으로 끌려가는 가족을 바라보던 아내의 눈물, 산업화의 격랑 속에서 남편과 자식을 뒷바라지하느라 새벽마다 눈물을 훔치던 수많은 여인들. 그러나 그 눈물은 결코 세상을 향한 항복이 아니었다. 그것은 더 나은 내일을 위해 오늘을 버텨 내는, 굳센 힘의 표현이었다.

눈물은 때로 언어가 할 수 없는 것을 대신했다. 말로 다 할 수 없는 슬픔과 분노, 그러나 입 밖으로 꺼낼 수 없는 현실. 여인들은 눈물을 통해 그것을 흘려보냈다. 눈물은 침묵의 언어였지만, 동시에 가장 강력한 호소였다. 눈물을 본 사람은 누구나 알았다. 그 안에 담긴 사연과 고통, 그리고 끝내 굴하지 않겠다는 의지를.

여인들의 눈물은 또한 공동체를 하나로 묶는 힘이었다. 한 여인이 흘린 눈물이 다른 이의 마음을 움직여 서로를 보듬게 하고, 함께 살아갈 수 있도록 했다. 눈물은 사람들 사이의 경계를 허물고, 서로의 상처를 이해하게 했다. 그래서 여인들의 눈물은 개인의 것이 아니라 공동체 전체의 것이 되었다.

결국 여인들의 눈물은 힘의 다른 얼굴이었다. 그것은 무너짐이 아니라 다시 일어섬이었고, 절망이 아니라 희망으로 건너가는 다리였다. 눈물이 흘러내릴 때마다 그녀들은 다시 삶을 붙잡았다. 그 눈물은 한 인간이 얼마나 강인할 수 있는지, 그리고 사랑이 얼마나 오래 버틸 수 있는지를 보여주는 증거였다.

저잣거리 말풍선

상인들의 눈물

;

상인의 눈물은 계산 뒤에 숨어 있었다. 하루 종일 장사를 하고도, 장부를 펼치면 손해가 남았다. 그때 상인들의 눈은 젖었다. 그러나 그 눈물을 남에게 보이려 하지 않았다.

나는 우연히 한 상인의 뒷모습을 보았다. 그는 좌판을 정리하다 몰래 손등으로 눈을 훔쳤다. 이내 얼굴을 들고 억지 웃음을 지으며 손님을 맞았다. 그 순간 나는 깨달았다. 상인들의 웃음은 종종 눈물 위에 떠 있는 얇은 배와 같았다. 눈물이 바다라면, 웃음은 그 위를 떠다니는 작은 배였다.

그들은 삶의 가장 무거운 짐을 짊어진 채, 그러나 쉽게 무너지지 않았다. 아이를 품에 안고 지켜야 했던 밤, 남편이 전쟁터로 떠나던 새벽, 가난이 매일같이 문을 두드리던 낮에도 그들은 무너질 수 없었다. 대신 그들의 눈물은 강인한 인내와 끈질긴 생명력의 표식이 되었다.

장터에서 여인들의 눈물은 낯선 풍경이 아니었다. 물건 값을 흥정하다가도, 잃어버린 자식을 떠올리다가도, 무심한 한 마디에 오래 눌러 왔던 응어리가 터져 나오기도 했다. 그러나 그 눈물은 결코 패배의 언어가 아니었다. 오히려 세상을 버텨 내고 있음을, 여전히 서 있다는 사실을 증명하는 눈물이었다.

사람들은 알았다. 여인들의 눈물 뒤에는 반드시 다시 일어서는 의지가 숨어 있다는 것을. 눈물이 흐른 자리에는 결심이 자라났고, 그 결심은 다시 공동체를 움직이는 힘이 되었다.

"이 눈물 닦고 다시 시작하면 돼."

한 여인이 장터 모퉁이에서 서로를 부둥켜안으며 속삭였다. 그 말은 단순한 위로가 아니라, 삶을 이어 가기 위한 선언이었다. 여인들은 서로의 눈물을 닦아 주며, 다시 걸음을 내딛을 용기를 얻었다. 눈물은 곧 연대의 끈이 되었고, 연대는 또 다른 힘으로 이어졌다.

그들의 눈물은 아이들의 울음을 달래는 품으로 흘러갔고, 늙은 이들의 상처를 덮어 주는 손길로 스며들었다. 여인들의 눈물은 강이 되어 공동체를 감쌌다. 그 강물 속에서 사람들은 단단해졌다. 여인들의 눈물이 흘러가는 길마다 새로운 희망의 싹이 움트고 있었다.

여인들의 눈물은 단지 감정의 배출이 아니었다. 그것은 생존의 언어였고, 세상을 버티게 하는 또 하나의 기둥이었다. 누군가는 웃음을 통해 삶을 지탱했지만, 누군가는 눈물을 통해 더 깊이 삶을 지켜냈다. 그리하여 저잣거리는 여인들의 눈물 위에서, 더 강한 내일을 준비할 수 있었다.

권위자의 눈물

;

믿기 어렵겠지만, 아전에게도 눈물이 있었다. 어느 날 술에 취한 아전이 나를 붙잡고 털어놓았다.

아전 : "나는 늘 명령만 외친다. 그러나 집에 돌아가면 병든 아이가 나를 기다린다. 아이가 밤새 울 때, 나도 울지 않을 수 없다."

나는 놀랐다. 권위자의 눈물은 드러나지 않지만, 그 또한 사람의 눈물이었고, '권위'라는 옷을 벗으면 누구와도 다르지 않았다.

눈물은 권위를 무너뜨리고, 인간을 드러냈다.

저잣거리에 선 권위자들의 얼굴은 언제나 단단했다. 그들은 높은 자리에 앉아 명령을 내리고, 잘 다듬어진 언어로 사람들을 제압하며, 때로는 무심한 표정 하나로 장터의 공기를 바꿔 놓곤 했다. 사람들은 그들의 권위 앞에서 쉽게 다가서지 못했고, 대화는 언제나 조심스러웠다.

그러나 아이러니하게도, 그 권위를 가장 쉽게 무너뜨리는 것은 칼도, 말도 아닌 눈물이었다. 권위자가 흘리는 눈물은 그가 쌓아올린 성벽을 허물었고, 사람들은 그 속에서 낯선 인간의 얼굴을 발견했다. 눈물은 그가 가진 힘이나 지위를 벗겨내고, 한 인간으로서의 진실만을 남겼다.

한 번은 장터에 세금을 거두러 나온 관리가 있었다. 그는 항상 목소리를 높이며 백성들을 몰아붙였다. 장사꾼들은 그의 얼굴만 봐도 몸을 움츠렸고, 아이들은 멀찍이서 숨을 죽였다. 그런데 그날, 한 노파가 세금을 내지 못해 무릎을 꿇으며 흐느끼자, 그 관리의 눈가에도 눈물이 번졌다. 사람들은 처음 보는 광경에 놀라 서로를 바라보았다. 그 단단하던 목소리는 떨렸고, 마침내 그는 세금을 거두지 못한 채 등을 돌려 걸어갔다. 그날 사람들은 알았다. 권위자의 눈물은 명령보다 더 큰 울림을 가진다는 것을.

눈물은 권위의 가면을 찢어 낸다. 왕도, 관리도, 선비도 모두 결국 피와 살을 가진 인간임을 드러낸다. 눈물을 흘리는 순간, 그들은 더 이상 멀리 있는 존재가 아니다. 오히려 우리와 같은 고통을 겪고, 같은 두려움을 품은 한 사람으로 내려온다. 그래서 권위자의 눈물은 곧 공동체의 눈물이 되었고, 그 순간만큼은 위계가 사라졌다.

사람들은 권위자의 눈물을 보며 두 가지 상반된 감정을 느꼈다. 하나는 연민이었고, 또 하나는 해방감이었다. 연민은 인간의 보편적 고통을 공유하는 데서 생겨났다. 해방감은 그동안 자신들을 억누르던 힘이 결국 허약하다는 것을 깨닫는 데서 비롯되었다. 두 감정은 서로 충돌하지 않았다. 오히려 함께 어우러져, 권위와 피지배의 관계를 새로운 이해로 바꾸어 놓았다.

눈물은 또한 권위를 다시 세우는 힘이 되기도 했다. 진실한 눈물은 권위자를 더 인간적으로 만들었고, 사람들은 오히려 그에게서 새로운 신뢰를 느끼기도 했다. 가식 없는 눈물은 위선보다 더 깊은 설득력을 지녔다. 그것은 권위의 또 다른 뿌리가 되었다. 억압이 아니라 공감에서 비롯된 권위, 명령이 아니라 연대에서 태어나는 권위 말이다.

저잣거리 사람들은 오래도록 권위자의 눈물을 회상했다. 그것은 단순한 사건이 아니었다. 장터의 기억 속에서 눈물을 흘리는 권위자의 모습은 전해지고 또 전해졌다. 이야기는 이렇게 바뀌어 흘렀다.

"그도 결국 우리와 같은 사람이더라. 그의 눈물을 본 날, 나는 그를 처음으로 이해했다."

권위는 눈물 앞에서 무너졌으나, 동시에 다시 세워졌다. 이번에는 높고 차가운 성벽이 아니라, 사람들의 마음 속에 세워진 다리 위에서였다. 권위자의 눈물은 강력한 무기보다 더 큰 힘을 가졌다. 그것은 억압을 무너뜨리고, 이해를 일으키며, 공동체를 새롭게 묶어 내는 씨앗이었다.

결국 눈물은 인간을 가장 깊이 드러내는 언어였다. 권위자의 눈물은 그가 가진 힘이 아닌, 그의 나약함을 보여주었고, 바로 그 나약함 속에서 사람들은 진정한 인간성을 보았다. 웃음이 저잣거리를 환히 비추는 빛이었다면, 눈물은 그 땅을 적시는 강물이었다. 그 강물은 권위자를 포함한 모두를 함께 적시며, 장터를 새로운 이해와 연민의 자리로 바꾸어 놓았다.

눈물과 화해

;

장터에서 두 집안이 싸운 적이 있었다. 땅 문제로, 재산 문제로, 오랫동안 원망을 품어 온 이들이었다. 그러나 어느 날 한쪽 노인이 쓰러졌다. 그의 아들이 눈물로 아버지를 부르자, 다른 집안도 울음을 터뜨렸다. 그 순간 싸움은 사라졌다. 눈물이 원망을 씻어냈다.

"눈물은 원망의 불을 끄는 강물이다."

화해의 순간, 사람들은 알았다. 웃음보다 눈물이 먼저였음을.

눈물이 흘러야 웃음이 피어난다는 것을.

저잣거리의 사람들은 오래전부터 그것을 알고 있었다. 눈물을 흘리지 않은 웃음은 가볍게 흩어져 버렸지만, 눈물 뒤에 찾아온 웃음은 깊고 단단했다. 웃음이 바람이라면, 눈물은 그 바람이 불어올 수 있는 바다였다.

장터에서 다투는 일은 흔했다. 흥정이 길어지면 욕설이 오갔고, 사소한 오해가 커져 주먹이 오가기도 했다. 그러나 그 싸움의 끝은 언제나 눈물이었다. 억울함의 눈물, 분노의 눈물, 그리고 미안함의 눈물이 뒤섞이며 결국 화해의 길을 열었다. 눈물이 마른 뒤에야 사람들은 다시 서로의 눈을 바라볼 수 있었고, 그 순간 웃음은 진정성을 얻었다.

"내가 미안하네."

"아니오, 내가 욕심이 지나쳤소."

이런 짧은 대화는 언제나 눈물 직후에 나왔다. 눈물이 없었다면 결코 꺼내지 못했을 말이었다. 눈물은 언어를 바꾸었다. 날카로웠던 말

저잣거리 말풍선

은 부드러워졌고, 닫혀 있던 마음은 조금씩 열렸다. 눈물은 서로의 마음을 적시는 비와 같았다. 그 비가 내린 뒤에야, 대지는 다시 푸른 잎을 틔울 수 있었다.

화해의 눈물은 단순히 갈등을 마무리하는 도구가 아니었다. 그것은 새로운 관계를 짓는 초석이었다. 화해란 잊는 것이 아니라, 울고 난 뒤에도 여전히 함께 있겠다는 결심이었기 때문이다. 그래서 화해의 눈물은 단순히 두 사람 사이를 넘어서, 공동체 전체를 하나로 묶는 힘이 되었다.

사람들은 눈물 속에서 진실을 보았다. 억지로 꾸며낸 웃음은 오래 가지 않았지만, 눈물 뒤에 맺힌 웃음은 서로의 마음을 다시 이어 주었다. 눈물로 씻기지 않은 관계는 언제든 부서지기 쉽지만, 눈물로 다져진 관계는 쉽게 무너지지 않았다. 그래서 장터 사람들은 울음과 웃음을 같은 줄기의 두 잎사귀로 여겼다.

어느 날, 오랜 원한을 품고 지내던 두 상인이 있었다. 그들은 서로 눈도 마주치지 않았고, 한쪽이 장터에 나타나면 다른 쪽은 자리를 피해 갔다. 그러나 뜻밖의 사고로 한쪽이 다치자, 다른 이는 달려와 그를 부축했다. 말은 없었지만 눈물이 먼저 흘렀다. 그 눈물이 오래된 원한을 녹였다. 그리고 마침내 두 사람은 다시 손을 맞잡았다. 그날 장터 사람들은 모두 보았다. 눈물이야말로 진정한 화해의 문을 열어 준다는 것을.

눈물이 없는 사회는 웃음도 가볍다. 그러나 눈물이 흐른 사회는 웃음도 뿌리가 깊다. 화해는 눈물 속에서 태어나고, 웃음은 그 화해 위에서 자란다. 저잣거리는 그렇게 울고 웃으며, 삶을 다시 이어 가는 지혜를 키워 왔다.

눈물과 화해는 따로 떨어진 것이 아니었다. 눈물은 화해를 부르고,

화해는 웃음을 피워 냈다. 사람들은 알았다. 눈물이야말로 웃음을 키우는 가장 깊은 뿌리라는 것을. 그리하여 저잣거리는 눈물과 웃음이 함께 엮인, 살아 있는 인간의 교과서가 되었다.

눈물의 철학

;

나는 스스로에게 물었다. 눈물은 왜 존재하는가? 단순히 슬픔의 표현인가? 아니면 더 깊은 의미가 있는가? 나는 이렇게 답했다.

"눈물은 마음의 강이다. 강물이 막히면 썩듯, 눈물이 막히면 마음도 썩는다."

눈물은 흐르게 하기 위해 존재했다. 그것은 인간이 짐을 견디도록 돕는 통로였다. 눈물은 나약함이 아니라 정직함이었다. 눈물 앞에서 사람들은 가면을 벗고, 서로의 진짜 얼굴을 만났다.

웃음 뒤에는 가면이 있었고, 말 뒤에는 계산이 숨어 있었다. 그러나 눈물 앞에서는 그 모든 것이 벗겨졌다. 눈물은 인간을 가장 단순하게 만들었고, 동시에 가장 진실하게 만들었다. 그 순간 사람들은 화려한 옷도, 지위도, 권위도 아닌, 오직 인간 그 자체로 마주했다.

눈물의 철학은 바로 여기에 있었다. 그것은 논리로 상대를 설득하는 힘이 아니라, 감정의 가장 깊은 곳을 흔들어 서로를 연결하는 힘이었다. 눈물이 흘러내릴 때, 인간은 더 이상 개인이 아니라 공동체의 일부가 되었다. 누군가의 눈물은 타인의 마음에 스며들어 공명을 일으켰고, 그 공명은 새로운 연대의 토대가 되었다.

사람들은 눈물 속에서 자신을 보았다. 상대의 눈물이 내 안의 상처와 닮아 있음을 깨닫는 순간, 우리는 비로소 서로의 그림자를 이해했다. 그것은 이성의 영역이 아니라, 감정의 진동 속에서 이루어지는 만남이었다. 철학자들이 수많은 언어로 인간을 정의해 왔지만, 장터 사람들은 단 한 줄의 진리로 그것을 이해했다.

"울 수 있기에 우리는 인간이다."

눈물은 약함의 표식이 아니었다. 오히려 강인함의 증거였다. 울 수 있는 자만이 스스로의 상처를 인정하고, 타인의 고통을 받아들일 수 있었다. 눈물은 자기 기만을 허락하지 않았고, 삶의 무게를 정직하게 드러내는 언어였다. 그 정직함은 때로 웃음보다 더 강력한 힘을 가졌다.

한 철학자는 이렇게 말했다.

"눈물은 영혼의 가장 깊은 언어다."

저잣거리에 모인 사람들은 그 말을 몰랐지만, 이미 몸으로 알고 있었다. 웃음을 나눌 때보다 눈물을 나눌 때 더 끈끈해지는 경험을 통해, 그들은 눈물의 철학을 살아냈다.

눈물은 또한 미래를 향한 다짐이었다. 울고 난 뒤의 사람은 결코 이전의 사람과 같지 않았다. 눈물은 마음의 먼지를 씻어냈고, 다시 길을 걸어갈 힘을 남겼다. 그것은 과거의 상처를 덮는 것이 아니라, 상처 위에 새로운 길을 내는 작업이었다. 눈물은 끝이 아니라 시작이었고, 절망이 아니라 희망의 전조였다.

저잣거리는 눈물을 통해 철학의 장이 되었다. 논문도, 강의도 없었지만, 사람들은 서로의 눈물에서 인간 존재의 본질을 배웠다. 그것은 단순히 슬픔의 교환이 아니라, 서로의 인간됨을 확인하는 가장 근원적인 의식이었다. 눈물이 흐르는 자리에서만 진정한 만남이 이루어졌고, 그 만남은 삶을 다시 지탱하게 했다.

그래서였다. 눈물은 단순한 감정의 분출이 아니라, 철학의 언어였다. 웃음이 빛이라면, 눈물은 그림자였고, 그 두 가지가 만나야만 온전한 삶의 얼굴이 드러났다. 장터 사람들은 그날, 눈물 속에서 서로의 진짜 얼굴을 만났다.

저잣거리 말풍선

철학적 사유

;

나는 북을 치며 사람들에게 외쳤다.

"사람들이여, 눈물을 두려워하지 마라. 눈물은 약함이 아니라 강함이다. 울 수 있는 자만이 웃을 수 있다. 눈물이 마음의 강을 흐르게할 때, 우리는 다시 내일을 맞이할 수 있다."

사람들은 조용히 고개를 끄덕였다. 아이는 엄마의 손을 잡고, 여인은 눈시울을 닦으며 미소를 지었다. 상인은 깊은 한숨 뒤에 다시 좌판을 펼쳤다. 눈물이 장터를 씻어내고 있었다.

돌바닥에 스며든 눈물은 단순히 개인의 감정을 흘려보내는 물방울이 아니었다. 그것은 지난 세월의 고통과 억울함, 상처와 갈등을 정화하는 강물이 되었다. 장터는 그날의 눈물 속에서 새로운 얼굴을 얻고있었다. 떠들썩한 흥정과 날선 목소리로 얼룩졌던 공간이, 잠시나마침묵과 사유의 장으로 변모하고 있었던 것이다.

사람들은 깨달았다. 눈물은 단순한 감정의 배출이 아니라, 세계를새롭게 보는 창이라는 것을. 웃음이 순간을 밝힌다면, 눈물은 시간을깊게 만든다. 눈물은 인간을 과거와 이어 주고, 현재를 가다듬으며, 미래를 준비하게 한다. 그래서 눈물은 단지 슬픔의 부산물이 아니라, 존재의 본질을 드러내는 철학적 사건이었다.

눈물의 철학은 삶의 아이러니 속에 숨어 있었다. 인간은 웃을 때 자신을 잊고, 울 때 자신을 되찾는다. 웃음 속에서 타인을 즐겁게 하지만, 눈물 속에서 타인의 마음을 만나게 된다. 저잣거리는 바로 이 사실을 증언했다. 장터에서 터져 나온 울음은 사적 감정을 넘어, 공동체 전체를 성찰의 길로 이끌고 있었다.

한 아이가 흘린 눈물은 어른들의 기억을 열었고, 여인의 눈물은 삶을 지탱하는 힘이 되었으며, 권위자의 눈물은 허울을 벗겨 내고 인간의 얼굴을 드러냈다. 이 모든 눈물이 모여 장터를 씻어 내자, 사람들은 삶이 무엇인지를 다시 생각하게 되었다. 삶이란 결국 서로를 이해하고, 함께 버티어 내는 것임을.

눈물은 또한 인간이 고통을 사유하는 방식이었다. 고통은 언어로는 다 담을 수 없었지만, 눈물이 흘러내릴 때 비로소 표현되었다. 말보다 빠르고, 설명보다 깊은 눈물이야말로 철학적 사유의 첫걸음이었다. 인간은 눈물을 통해 존재의 무게를 느끼고, 그 무게 속에서 진리를 찾았다.

저잣거리를 씻어내는 눈물은 단지 과거를 지우는 것이 아니었다. 그것은 과거를 기억하면서도 새로운 길을 열어 가는 정화의 행위였다. 눈물이 흐른 자리는 더욱 단단해졌고, 사람들은 그 자리를 밟으며 다시 앞으로 걸어갈 수 있었다. 눈물이 없었다면, 장터는 그저 이익과 손실의 계산만 남는 차가운 공간에 불과했을 것이다. 그러나 눈물이 스며들자, 장터는 인간성의 학교가 되었고, 철학의 광장이 되었다.

눈물이 장터를 씻어 내고 있었다. 그리고 그 씻김 속에서 사람들은 서로의 얼굴을 다시 바라보았다. 웃음으로는 감히 도달할 수 없었던 깊은 차원의 만남, 그것이 눈물 속에서 이루어졌다. 그날 이후 저잣거리는 더 이상 단순한 시장이 아니었다. 그것은 인간이 눈물 속에서 사유하고, 화해하고, 다시 살아가는 철학의 무대가 되었다.

결론 : 눈물의 강

;

해가 지고 장터가 비워질 때, 돌바닥 위에는 발자국과 함께 눈물의 자국도 남아 있었다. 그러나 그 자국은 부끄럽지 않았다. 그것은 삶이 흘러간 흔적이었다.

나는 속으로 중얼거렸다.

"눈물은 마음의 강이다. 우리가 울 수 있는 한, 저잣거리는 메마르지 않는다."

그 말풍선이 허공에 떠올라, 저잣거리의 밤을 은은히 적셨다.

낮 동안의 소란은 사라지고, 장터를 가득 메웠던 흥정과 다툼의 목소리도 어느새 잠잠해졌다. 돌바닥을 타고 흘러내린 눈물은 작은 강을 이루며 장터를 적셨다. 그것은 단순히 한 사람의 슬픔이 아니라, 모두의 고백이 모여 이룬 강물이었다.

눈물은 장터를 씻어 내는 힘이었다. 아이들의 눈물은 연민을 불러일으켜 공동체를 묶었고, 여인들의 눈물은 삶을 버티는 또 다른 얼굴이 되었으며, 권위자의 눈물은 차갑던 위계를 허물고 인간의 진실을 드러냈다. 저마다 다른 자리에 흘러내린 눈물이 합쳐져 하나의 강물이 되었을 때, 사람들은 비로소 서로의 얼굴을 제대로 바라볼 수 있었다. 웃음이 가면을 쓰고 나누어지는 경우가 많았다면, 눈물은 가면을 벗겨 내고 본래의 얼굴을 드러냈다. 그 순간, 인간은 서로를 진짜로 만났다.

사람들은 깨달았다. 눈물은 약함의 표식이 아니라 강인함의 증거라는 것을. 울 수 있는 자만이 상처를 직면하고, 타인의 고통을 품을 수 있었다. 그래서 눈물은 화해를 가능하게 했고, 눈물 뒤의 웃음은 더이상 가벼운 농담이 아닌, 진정한 이해와 연대의 미소였다. 장터의 사람들은 눈물 속에서 자신이 누구인지를, 그리고 함께 살아가야 할 이유를 배워 나갔다.

그날 밤, 장터는 더 이상 단순한 시장이 아니었다. 그것은 삶의 철학을 배우는 학교이자, 인간이 인간을 만나는 증언의 무대였다. 눈물은 장터의 돌바닥을 적셨지만, 동시에 사람들의 마음을 정화하고 새로운 길을 열어 주었다. 눈물이 흐른 자리는 결코 허물어지지 않았다. 오히려 더욱 단단해져, 내일을 지탱할 힘으로 다져졌다.

밤은 깊어 갔고, 등불조차 희미해졌지만, 눈물의 강은 여전히 흐르고 있었다. 그 강은 과거를 씻어 내고, 현재를 붙잡으며, 미래를 부르는 노래가 되었다. 사람들은 그 강 앞에서 조용히 눈을 감았다. 그 순간 저잣거리는 더 이상 어둠 속에 있지 않았다. 눈물이 등불이 되어 장터의 밤을 은은히 밝혔기 때문이다.

그 말풍선이 허공에 떠올라, 저잣거리의 밤을 은은히 적셨다. 그것은 인간이 함께 흘린 눈물이 만들어 낸 강의 울림이었고, 그 강물은 내일을 향해 끊임없이 흘러가고 있었다.

말풍선 요약 메모

- 눈물은 장터의 강물, 웃음의 뿌리.
- 아이·여인·상인·권위자의 눈물로 인간의 다양한 얼굴 드러남.
- 눈물은 갈등을 화해로 바꾸고, 마음을 씻어 내는 힘.
- 철학적 사유 : 눈물은 나약함이 아니라 정직함, 마음의 강을 흐르게 하는 원천.
▶▶ 눈물은 삶을 씻고, 저잣거리를 내일로 이끄는 강이다.

저잣거리 말풍선

10장

희망 - 내일을 불러오는 힘

희망의 씨앗

;

저잣거리는 늘 소란과 눈물, 흥정과 다툼으로 가득했지만, 그 속에서 가장 강하게 살아남는 것은 언제나 '희망'이었다. 사람들은 굶주리고, 병들고, 권위의 압박에 짓눌리면서도 내일을 말하는 것을 멈추지 않았다. 희망은 보이지 않는 씨앗이었다. 땅속에서 아직 움트지 않았으나, 사람들은 그것을 믿었다.

나는 광대로서 그 희망의 언어를 자주 들었다. 웃음과 눈물 사이에서 터져 나오는 작은 말들이었다.

"내일은 장사가 잘되겠지."

"다음 해에는 비가 자주 내려 풍년이 오리라."

"아이들이 크면, 이 고생도 끝나겠지."

이 단순한 말들이 사람들을 다시 길에 서게 했다. 희망은 값이 없었지만, 삶을 움직이는 가장 큰 자본이었다.

저잣거리에 모인 사람들은 가진 것이 많지 않았다. 금전도, 권세도, 지식도 부족했으나, 그들이 서로를 지탱하게 만든 보이지 않는 힘이 있었다. 그것은 바로 희망이었다. 희망은 물건처럼 사고팔 수 없었지만, 그것은 어떤 곡식보다 귀했고, 어떤 금보다도 단단했다.

희망의 씨앗은 사소한 곳에서 싹트곤 했다. 아이의 웃음 속에서, 여인의 굳은 손바닥 속에서, 늙은이의 떨리는 기도 속에서. 그것은 언뜻 보잘것없어 보였지만, 사람들의 마음을 흔드는 힘은 언제나 그 작은 씨앗에서 나왔다.

　　　　　　　　　　　　　　　저잣거리 말풍선

가난한 상인이 오늘 하루 장사를 마치며 "내일은 조금 더 나아질 거야!"라고 스스로에게 건네는 한 마디, 그것이 바로 희망의 씨앗이었다. 농부가 척박한 땅을 일구며 "올해는 거둘 수 있을까?"라며 흙을 매만지는 순간에도, 그는 이미 씨앗을 심고 있었다.

희망은 눈에 보이지 않았으나, 사람들의 발걸음을 내일로 향하게 하는 가장 강력한 에너지가 되었다.

희망의 씨앗은 나눌수록 커졌다. 혼자만의 희망은 쉽게 꺼지기도 했지만, 서로의 희망이 연결되면 불씨는 꺼지지 않았다. 장터 한가운데서 흥정을 마치고 돌아가는 사람들의 눈빛 속에는, 내일을 향한 작은 불빛이 오갔다. 그것이 쌓이고 모여, 저잣거리를 살아 움직이는 공동체의 에너지로 번졌다.

"오늘은 힘들어도 내일은 다를 거야."

이 말은 장터 사람들 사이에서 가장 흔한 인사이자 축복이었다. 값비싼 약속은 아니었지만, 이 한 마디가 사람들을 다시 걷게 했다. 희망은 언제나 값이 없었지만, 동시에 값으로 환산할 수 없는 가장 큰 자본이었다.

철학적으로 보자면 희망은 미래의 시간에 거주하는 감정이었다. 그것은 아직 오지 않은 것에 대한 신뢰, 아직 보이지 않는 것에 대한 확신이었다. 사람들은 이 확신 덕분에 무너진 자리에서 다시 일어섰고, 무너진 다리를 건너 또 다른 길을 향해 나아갔다. 희망이 사라진 곳에서는 삶도 멈추었지만, 희망이 남아 있는 곳에서는 삶이 다시 시작되었다.

밤이 깊어도 저잣거리는 희망으로 숨 쉬었다. 등불이 꺼져도, 장터 사람들의 가슴에는 꺼지지 않는 불씨가 남아 있었다. 그 불씨는 누군가의 눈빛, 누군가의 손길, 누군가의 목소리를 타고 전해졌다. 그리고 그 불씨는 내일의 태양처럼 사람들의 마음을 비추었다.

　희망은 값이 없었다. 그러나 그것 없이는 아무도 살아갈 수 없었다. 그것은 장터의 가장 큰 자본이자, 모든 이가 나누는 공동의 재산이었다. 그 씨앗은 돌바닥 틈새에도 자라났고, 가난한 마음의 흙에서도 싹을 틔웠다. 희망은 늘 곁에 있었고, 그 작은 씨앗은 내일을 불러오는 힘으로 자라났다.

　　　　　　　　　　　　　　　　　　　　저잣거리 말풍선

아이들의 희망

;

아이들은 본능적으로 희망을 품었다. 돌멩이를 주워다 장난감을 만들며, 허름한 천 조각으로 인형을 만들어 놀았다. 그들의 눈빛은 늘 내일을 향해 있었다.

아이 : "광대야, 내일도 와서 춤춰 줄 거지?"

나 : "그럼, 내일은 오늘보다 더 크게 북을 두드리마."

아이들의 희망은 단순했지만, 그 단순함이 가장 강했다. 배고픔도, 추위도 아이들의 내일을 꺾지 못했다. 아이들의 웃음 속에 이미 희망이 있었다.

나는 그 희망을 보며 생각했다. 어쩌면 어른들이 살아가는 이유는 아이들의 내일을 지켜 주기 위해서일지도 모른다고.

어른들이 끝내 포기하지 않는 이유, 아무리 무거운 삶의 짐에도 다시 일어나 걷는 이유는 어쩌면 단 하나였다. 바로 아이들의 내일을 지켜 주고 싶다는 마음이었다.

저잣거리에 아이들의 웃음소리가 울려 퍼질 때, 사람들은 잠시나마 하루의 고단함을 잊었다. 가난과 굶주림이 짓누르는 세상에서도, 아이들이 뛰노는 발자국 소리는 희망의 맥박처럼 장터를 울렸다. 아이들의 맑은 눈망울은 아직 오지 않은 미래를 비추었고, 그 눈빛 속에서 사람들은 살아야 할 이유를 찾았다.

아이들의 희망은 소박했다. 따뜻한 밥 한 그릇, 해가 질 때까지 마음껏 뛰어놀 수 있는 시간, 사랑하는 부모의 품. 그것은 돈으로 환산할 수 없는 소망이었지만, 누구나 바라는 가장 절실한 내일이었다. 그래서 어른들은 무너진 자리에서도 다시 일어났다. 아이들이 굶지 않도록, 아이들이 울지 않도록, 그들의 내일만큼은 지켜 주고 싶었기 때문이다.

"내가 더는 못 먹더라도 아이에게는 남겨야지."

"내일은 이 아이가 웃을 수 있기를."

장터에서 흘러나온 이런 다짐들은, 눈에 보이지 않는 또 다른 자본이었다. 그것은 세상을 버티게 하는 약속이자, 스스로를 다시 일으켜 세우는 힘이 되었다. 아이들의 존재 자체가 하나의 희망이었고, 그 희망은 장터의 공기를 바꾸었다.

아이들의 희망은 단순히 미래 세대를 위한 것이 아니었다. 그것은 현재를 정화하고 다시 살아가게 하는 윤리적 힘이었다. 아이들이 웃고 울 수 있는 세상을 만들고자 하는 마음이야말로 공동체를 지탱하는 도덕의 기초였다. 눈앞의 이익보다 먼 내일을 바라보게 하고, 개인의 욕심보다 모두의 삶을 돌아보게 했다.

아이들은 내일을 기다리는 존재였다. 그들의 작은 손길과 웃음은 어른들에게 질문을 던졌다.

"당신의 오늘은 우리의 내일을 어떻게 바꿀 것인가?"

그 질문에 답하기 위해 사람들은 더 성실히 일했고, 더 단단히 버텼다. 아이들의 희망이야말로 어른들의 희망을 다시 일으켜 세우는 거울이었다.

밤이 깊어도 장터에는 아이들의 웃음이 메아리쳤다. 그것은 단순한 놀이의 소리가 아니었다. 내일을 향한 약속의 울림이었다. 아이들이 웃을 수 있다면, 어른들도 내일을 믿을 수 있었다. 그 웃음은 작은 불씨처럼 꺼지지 않고 퍼져 나가, 삶을 다시 밝히는 등불이 되었다.

저잣거리 말풍선

아이들의 희망은 장터의 가장 깊은 곳에서 피어오른 힘이었다. 그것은 내일을 약속하는 빛이자, 어른들이 결코 무너질 수 없게 만드는 마지막 이유였다. 사람들은 알았다. 자신들이 살아가는 이유, 그 모든 버팀의 근원은 아이들의 내일을 지켜 주기 위해서일지도 모른다고.

여인들의 희망

;

여인들의 희망은 현실적이었다. 쌀독이 텅 비어도, 그들은 내일을 위한 음식을 준비했다. 아이의 옷이 해져도, 천 조각을 덧대며 내일의 옷을 지었다. 여인들의 희망은 환상이 아니라, 손끝에서 피어나는 실천이었다.

어느 여인은 장터에서 바늘을 팔며 이렇게 말했다.

여인 : "바늘 하나가 옷을 꿰매듯, 희망은 하루를 꿰맨다네. 오늘이 찢어져도, 내일은 다시 기워 입을 수 있지."

그 말에 나는 고개를 끄덕였다. 희망은 손끝에서 자라는 것이었다. 세상이 무너지는 듯한 순간에도, 삶이 그들을 짓누르는 고통으로 가득할 때에도, 끝내 다시 내일이 온다는 사실을. 그들은 희망이란 멀리 있는 것이 아니라, 오늘의 눈물 속에서 피어나는 작은 불씨라는 것을 몸으로 배워 왔다. 여인들의 희망은 장터의 소란과 부엌의 그늘, 아이들의 울음과 웃음 사이에서 자라났다.

여인들의 손은 언제나 바빴다. 물독을 이고 나르며, 장터에서 물건을 펼쳐 놓으며, 아이들의 옷을 기워 입히며, 여인들은 하루하루를 버텨 냈다. 그러나 그 손길이 단순히 생계를 이어 가기 위한 것이 아님을 그들 스스로 잘 알고 있었다. 그 손길은 내일의 씨앗을 심는 일이었고, 희망을 엮어 내는 일이었다. 여인들이 흘린 땀방울은 단순한 노동이 아니라, 내일을 준비하는 예식과도 같았다.

때로 여인들의 눈물은 공동체 전체를 살렸다. 남편이 전쟁터로 떠나

저잣거리 말풍선

고 소식이 끊겼을 때, 어머니가 그 눈물을 삼켜 내며 아이들을 품었기에 가정은 무너지지 않았다. 장터에서 물건이 팔리지 않아 발길이 무거워도, 여인들은 다시 발걸음을 옮겼다. 그들이 무너져 버린다면 아이들도, 가정도, 공동체도 무너질 수밖에 없음을 누구보다 잘 알았기 때문이다. 그래서 그들은 울면서도 다시 일어섰고, 그 울음 끝에는 언제나 작은 희망의 씨앗이 숨어 있었다.

여인들의 희망은 현실을 모른 체하는 환상이 아니었다. 그것은 현실을 누구보다 직시한 이들의 결단에서 비롯된 힘이었다. 굶주림과 억압, 상실과 아픔 속에서도 내일을 포기하지 않는 태도, 그것이 여인들의 희망이었다. 희망은 그들에게 단순히 '있으면 좋을 감정'이 아니라, 삶을 이어 가기 위한 최소한의 무기였다.

나는 광대로서 장터 한켠에서 그 모습을 지켜보았다. 내가 던진 농담에 웃으며 대답하던 여인의 얼굴 뒤에는, 무거운 삶의 그림자가 늘 드리워져 있었다. 그러나 그 웃음 속에는 또한 내일을 버티려는 굳은 결의가 있었다. 여인들은 희망을 말로 설명하지 않았다. 그들은 몸짓으로, 눈빛으로, 일상의 작은 행동으로 희망을 보여주었다.

여인들의 희망은 아이들의 웃음 속에서 자랐다. 아이가 웃으면, 어머니의 눈빛은 다시 밝아졌다. 내일을 살아낼 이유가 생겼기 때문이다. 아이들의 작은 웃음은 여인들의 희망을 흔들림 없는 것으로 만들었다. 여인들은 그것을 알고 있었다. 아이가 웃는 순간, 내일은 반드시 이어진다는 것을.

역사는 수많은 권력자의 이름을 기록했지만, 사실 내일을 이어온 것은 이름 없는 여인들의 희망이었다. 그들이 버텨낸 자리에서 새로운 세대가 자라났고, 그들의 손끝에서 공동체의 내일이 빚어졌다. 희망은 선언이 아니라, 여인들의 눈물과 웃음으로 지켜낸 일상의 결실이었다.

그래서 여인들의 희망은 언제나 조용하지만 강했다. 그것은 큰소리로 외치는 약속이 아니라, 삶을 묵묵히 이어 가는 태도였다. 그리고 사람들은 언젠가 깨달았다. 세상을 지탱하는 마지막 기둥은 권력이 아니라, 여인들의 희망이라는 것을.

여인들은 그것을 알고 있었다. 내일은 멀리 있는 것이 아니라, 바로 오늘 자신들의 두 손과 눈물 속에서 자라나고 있다는 것을.

상인들의 희망

;

상인들의 희망은 계산 속에 숨어 있었다. 오늘 장사가 망해도, 내일은 잘될 것이라는 기대가 있었다. 손해가 쌓여도, 언젠가는 이익으로 돌아올 것이라는 믿음이 있었다.

나는 한 상인의 장부를 본 적이 있다. 장부 끝에는 이런 글귀가 적혀 있었다.

"오늘 적자 - 내일 흑자."

그 글씨는 농담 같았지만, 그 속에는 절박한 희망이 숨어 있었다. 상인들은 희망을 숫자 속에 숨겨 두었고, 그 숫자가 다시 그들을 움직이게 했다.

그 숫자가 다시 그들을 움직이게 했다.

여인들의 삶은 언제나 숫자와 맞닿아 있었다.

쌀 한 됫박, 장에 내다 판 천 조각의 값, 남편이 벌어 온 삯전 몇 닢, 아이의 하루 끼니를 채우기 위한 곡식의 무게. 그것은 단순한 계산처럼 보였지만, 여인들의 가슴속에서 숫자는 희망의 언어였다. 오늘 남은 것이 적어도, 내일은 조금 더 모을 수 있을 거라는 믿음, 그 숫자가 여인들을 다시 길 위로 나서게 했다.

여인들의 희망은 억척스러웠다. 장터를 오가는 발걸음 속에서, 무거운 짐을 이고 진 어깨 위에서, 혹은 밤마다 불빛 아래 바느질을 이어가는 손길 속에서 그 희망은 자라났다. 그들은 울었으나 주저앉지 않았고, 힘들어도 멈추지 않았다. 여인들의 희망은 삶을 버텨내는 가장 단단한 기둥이었다.

소설처럼 풀어내자면 이렇다.

"오늘은 다 팔지 못했네. 하지만 내일은 다를 거야."

여인은 장터를 나서며 스스로에게 말을 건넸다. 손수건에 싼 동전은 몇 개 되지 않지만, 그 작은 소득 속에서 그녀는 내일의 가능성을 읽어냈다. 아이의 신발을 사줄 수 있을까, 남편의 허기진 배를 조금은 채울 수 있을까? 그것이 그녀를 다시 장터로 불러냈다. 숫자는 적었지만, 그 적음 속에 담긴 희망은 컸다.

여인들의 희망은 실존적 결단이었다. 인간은 절망을 마주할 수밖에 없지만, 그럼에도 불구하고 다시 하루를 살아내기로 선택하는 것, 그것이 바로 희망이었다. 여인들의 희망은 화려한 이상이 아니라, 매일의 생존 속에서 피어난 가장 구체적이고 현실적인 철학이었다.

여인들은 알았다. 오늘의 눈물이 내일의 씨앗이 된다는 것을. 흘린 눈물만큼 강해졌고, 버틴 날들만큼 내일을 향한 뿌리가 단단해졌다. 희망은 값이 없었지만, 그들이 살아가는 데 가장 큰 자본이었다. 여인들은 그 자본을 장터에서 서로 나누었다. 짧은 인사 속에, 함께 짐을 나눠 드는 손길 속에, 서로의 아이를 돌보는 시선 속에. 희망은 나눌수록 줄지 않았고, 오히려 불어났다.

장터의 여인들은 또 다른 철학을 몸으로 증명했다. 희망은 추상적 관념이 아니라, 행위 속에서만 살아 있다는 것. 내일을 향해 바느질을 하고, 아이를 안고 장터에 나서고, 무거운 바구니를 들고 흥정을 이어가는 그 행위 자체가 희망이었다. 희망은 생각의 대상이 아니라, 살아내는 실천이었다.

밤이 깊어도 여인들의 희망은 꺼지지 않았다. 불빛 아래서 바느질을 이어 가는 손길은 단순히 옷감을 잇는 것이 아니라, 내일의 삶을 잇는 일이었다. 아이를 재우며 흥얼거리는 자장가는 단순한 노래가 아니라, 내일을 부르는 주문이었다. 여인들의 희망은 그렇게 삶과 맞닿아 있었고, 그래서 가장 단단했다.

그 숫자가 다시 그들을 움직이게 했다. 적은 쌀, 부족한 동전, 헤진 옷감 속에서도 여인들은 내일을 향해 나아갔다. 그들의 희망은 장터의 돌바닥을 적시며, 공동체 전체를 움직이는 또 다른 힘이 되었다.

나그네의 희망

;

    길 위에서 온 나그네에게 희망은 여행의 이유였다. 그는 흉년과 전쟁, 병과 죽음을 보았지만, 여전히 길을 걸었다. 그 이유를 물었을 때 그는 이렇게 대답했다.

    나그네 : "희망이 없다면 길도 없다. 나는 희망을 따라 걷는다."

    그의 말에 사람들은 조용히 고개를 끄덕였다. 희망은 목적지가 아니라, 길 그 자체였다. 희망이 있기에 사람들은 길을 내고, 길이 있기에 희망은 더 멀리 이어졌다.

    저잣거리를 스쳐 가는 나그네의 발걸음에는 먼지와 피로가 묻어 있었다. 길 위에서 삶을 건 그는 늘 불확실한 내일을 향해 걸어야 했지만, 바로 그 불확실함 속에서 희망을 발견했다. 길이란 끝을 알 수 없는 여정이지만, 그 끝이 존재한다는 사실 자체가 나그네에게는 힘이었다.

    나그네의 희망은 정착한 이들과 달랐다. 장터 사람들의 희망이 오늘과 내일의 끼니, 아이들의 웃음, 가족의 안녕에서 비롯되었다면, 나그네의 희망은 저 멀리 수평선 너머에서 피어났다. 그에게 희망은 떠남이자 도착이었고, 낯선 땅을 향한 설렘과 두려움이 동시에 담긴 약속이었다.

    소설처럼 장면을 그려 보자.

    한 나그네가 장터 한쪽에서 멈춰 앉아 마른 목을 축였다. 지친 얼굴이었으나, 눈빛만은 멀리 닿아 있었다.

"이 길 끝에 무엇이 기다릴까?"

"혹시 오늘보다 나은 내일이 있지 않을까?"

그는 스스로에게 그렇게 말하며 다시 일어섰다. 누군가는 그를 불안정하다고 여겼으나, 그의 발걸음 속에는 포기하지 않는 의지가 있었다. 길이 있다는 사실 하나가, 그에게 내일을 견디게 하는 가장 큰 힘이었다.

철학적으로 보자면, 나그네의 희망은 존재의 본질에 닿아 있었다. 인간은 본래 완성되지 않은 존재, 늘 길 위에 서 있는 나그네와 같다. 삶은 종착지를 알 수 없는 여정이고, 우리는 모두 그 길 위에서 불완전한 발걸음을 내딛는다. 그렇다면 희망이란 무엇인가. 그것은 길 위에서 방향을 잃지 않게 하는 나침반이며, 절망 속에서도 걸음을 멈추지 않게 하는 동력이다.

나그네는 장터에서 짧은 인연을 맺고 떠났다. 그러나 그가 남긴 발자국은 오래도록 사람들의 기억 속에 남았다. 떠나간 자의 희망은 머문 자들의 삶을 흔들었고, 머문 자들의 희망은 떠나는 자에게 위안이 되었다. 그렇게 길과 장터는 서로를 비추는 거울이 되었다.

길은 끝나지 않는다. 끝이 보이지 않기에, 희망도 사라지지 않는다. 나그네의 희망은 바로 그 끝없음에 뿌리를 두었다. 오늘이 아무리 고단해도, 내일의 길은 또 다른 풍경을 열어 줄 것이라는 믿음, 그것이 그의 가슴속에 심겨진 씨앗이었다.

밤이 깊어 장터의 등불이 꺼질 때도, 나그네는 길 위에 있었다. 별빛이 그의 희망을 비추었고, 바람이 그의 노래를 실어 나르며 먼 곳으로 이어졌다. 그 길은 그를 더 멀리 데려갔고, 그 길 위에서 희망은 다시 피어났다.

길이 있기에 희망은 더 멀리 이어졌다.

나그네의 발걸음은 희망의 강을 따라 흘렀고, 그 강은 다시 장터로 돌아와 머문 이들의 삶을 적셨다. 결국 모든 희망은 길 위에서 만나고, 길 위에서 다시 흩어졌다. 나그네의 희망은 그렇게 인간 존재 전체의 희망을 증언하는 발자국이었다.

권위와 희망

;

권위는 민중의 희망을 두려워했다. 왜냐하면 희망은 억압을 뚫고 솟아오르기 때문이었다. 권위의 언어가 "불가능하다"고 외쳐도, 민중의 언어는 "언젠가는"으로 대답했다.

아전 : "세금은 줄지 않는다."

민중 : "언젠가는 세금 없는 세상이 오리라."

그 대화는 허무맹랑해 보였으나, 웃음 속에 힘이 있었다. 희망은 권위를 무너뜨리는 가장 은밀한 무기였다. 절망이 깊을수록 희망은 더 날카로워졌다.

절망이 깊을수록 희망은 더 날카로워졌다.

권위자의 자리는 언제나 높고 단단해 보였으나, 그 자리에서조차 절망은 찾아왔다. 백성의 원망을 마주할 때, 스스로 내린 명령의 무게가 자신을 옭아맬 때, 권위는 흔들렸다. 그러나 바로 그 절망의 바닥에서 권위자 역시 희망을 찾았다. 그것은 명예의 회복이 아니라, 다시 인간으로 돌아가려는 날카로운 열망이었다.

권위와 희망의 관계는 역설적이었다. 억압을 받는 이들에게 희망은 자유였다. 그러나 억압을 행사하는 이에게도 희망은 있었다. 자신이 지닌 힘이 공동체를 위한 진실한 도구가 되기를 바라는 마음, 언젠가 자신도 인간으로서 이해받기를 바라는 갈망. 절망이 깊을수록 그 희망은 더욱 날카로워, 가면을 찢고 진실을 드러내려 했다.

소설처럼 장면을 그려 보자.

한 관리가 세금 장부를 손에 쥔 채 장터에 섰다. 목소리는 단호했지만, 손은 떨리고 있었다. 백성들의 눈빛은 매서웠다. 노파 하나가 무릎을 꿇고 흐느끼자, 그의 가슴속에서 오래된 절망이 쏟아져 나왔다.

"나는 무엇을 위해 이 자리에 선 것인가?"

그 순간 그의 눈가에 맺힌 눈물은 단순한 연민이 아니라, 스스로를 다시 세우려는 희망이었다. 그 희망은 날카롭게 그를 찔렀고, 그는 비로소 인간의 자리로 내려왔다.

철학적으로 보자면, 권위와 희망은 권력과 진리의 긴장 속에서 만난다. 권위는 언제나 타인을 제압하려 하지만, 희망은 타인과 함께 살고자 한다. 권위가 절망을 낳을 때, 희망은 그 절망을 꿰뚫고 나온다. 그것은 단순한 위로가 아니라, 존재의 근원을 바꾸는 힘이었다.

절망이 깊을수록 희망은 더 날카로워졌다.

절망은 권위의 껍질을 깨뜨렸고, 희망은 그 틈새로 들어와 새로운 길을 열었다. 억압받는 이들의 희망은 자유를 향한 칼날이 되었고, 권위자의 희망은 스스로를 다시 인간답게 만들려는 날카로운 각성이 되었다.

장터 사람들은 그 장면을 오래 기억했다. 권위자가 눈물을 흘리며 희망을 찾는 모습은 공동체 전체에 울림을 주었다. 그것은 단순히 권력자의 변화가 아니었다. 절망을 뚫고 나온 희망은 모두에게 "우리도 바꿀 수 있다"는 확신을 주었다.

권위와 희망은 이렇게 서로를 부수고 다시 세우는 관계였다. 권위는 절망 속에서 무너졌으나, 희망 속에서 다시 태어났다. 그리고 그 희망은 더 이상 억압이 아니라 공감으로 세워진 힘이었다. 절망이 깊을수록 희망은 더 날카로워졌다. 그리고 그 날카로움이야말로 저잣거리의 미래를 열어 가는 진정한 힘이었다.

희망과 절망의 경계

;

그러나 희망은 언제나 달콤한 것만은 아니었다. 희망은 종종 절망과 맞닿아 있었다. 너무 오래 기다린 희망은 사람을 쓰러뜨렸고, 이루어지지 않은 희망은 배신으로 남았다.

나는 스스로에게 물었다.

"희망은 언제 힘이 되고, 언제 독이 되는가?"

그리고 이렇게 대답했다.

"희망은 나눌 때 힘이 되고, 혼자 가질 때 독이 된다."

공동체의 희망은 사람들을 일으켜 세우지만, 개인의 이기적 희망은 무너진다. 저잣거리는 그것을 매일 증언하고 있었다.

장터를 오가는 사람들의 발걸음 하나하나는 희망과 절망의 경계를 오갔다. 장사를 시작하는 이의 눈빛에는 희망이 있었으나, 장사를 마친 뒤 빈 주머니를 바라보는 눈빛에는 절망이 드리워졌다. 웃음과 눈물이 뒤섞인 소리들, 흥정하다 터져 나온 분노와 그 뒤에 찾아온 화해의 침묵은 모두 희망과 절망의 경계에서 태어난 것이었다.

희망과 절망은 멀리 떨어져 있지 않았다. 오히려 종이 한 장 차이처럼 가까웠다. 오늘의 실패가 내일의 희망을 싹틔웠고, 내일을 향한 기대가 때로는 더 깊은 절망을 낳기도 했다. 그래서 장터 사람들은 알았다. 희망과 절망은 서로를 부정하지 않고, 오히려 서로를 전제로 한다는 것을.

소설처럼 한 장면을 그려 보자.

한 여인이 장터에서 물건을 팔지 못해 눈가를 훔쳤다. 절망이었다.

그러나 아이가 달려와 손을 잡는 순간, 그녀의 눈빛은 바뀌었다. 아이의 손은 내일을 약속하는 희망이었다. 같은 하루 속에서도, 절망과 희망은 나란히 있었다. 사람들은 그 경계를 오가며 살아야 했다.

희망과 절망은 인간 실존의 두 얼굴이다. 절망은 삶이 부딪히는 벽을 보여주었고, 희망은 그 벽 너머를 바라보게 했다. 절망이 없다면 희망은 공허했고, 희망이 없다면 절망은 견딜 수 없었다. 장터는 그 둘이 동시에 존재하는 삶의 현장이었으며, 사람들은 그 현장을 매일 증언하며 살았다.

저잣거리는 늘 분주했으나, 그 소란 속에는 깊은 철학이 숨어 있었다. 그것은 학문이 아니라 삶으로 쓰여진 철학이었다. 희망은 절망 속에서 자라났고, 절망은 희망을 더 선명하게 만들었다. 아이의 울음은 절망처럼 들렸지만, 그 울음이 멈추면 다시 웃음이 피어났다. 상인의 패배는 절망이었지만, 그가 다음 날 새벽 다시 짐을 꾸릴 때 그것은 곧 희망이었다.

사람들은 절망을 두려워하지 않았다. 절망을 껴안아야만 희망에 닿을 수 있다는 것을 알았기 때문이다. 절망을 밀어내면 희망도 함께 사라졌다. 희망은 언제나 절망의 그림자와 함께 있었고, 그 그림자가 있을 때만 빛은 더욱 빛났다.

그래서였다. 저잣거리는 매일 희망과 절망의 경계를 증언하는 철학의 무대였다. 장터에서 들려오는 소란은 단순한 흥정의 소리가 아니었다. 그것은 인간이 절망과 희망 사이를 오가며, 끝내 살아내려는 몸부림의 증거였다.

저잣거리는 그것을 매일 증언하고 있었다.

희망과 절망은 서로 대립하는 두 힘이 아니라, 함께 삶을 움직이는 두 바퀴였다. 절망이 깊어질수록 희망은 더 절실해졌고, 희망이 빛날수록 절망은 더 선명해졌다. 사람들은 그 경계 위에서 살아갔고, 바로 그 경계야말로 인간이 가장 인간답게 서는 자리였다.

철학적 사유

;

나는 북을 치며 사람들에게 외쳤다.

"희망은 내일을 부르는 힘이다. 그러나 그 내일은 혼자 오지 않는다. 우리가 함께 부를 때, 희망은 현실이 된다."

사람들은 고개를 끄덕였다. 아이들은 손뼉을 쳤고, 여인들은 미소를 지었으며, 상인들은 장부를 덮고 눈을 감았다. 그 순간 장터는 조용했지만, 눈에 보이지 않는 거대한 말풍선 하나가 허공에 떠올랐다. 그 안에는 '희망'이라는 단어가 크게 쓰여 있었다.

장터의 벽에 걸린 낡은 천 조각, 아이가 모래 위에 장난삼아 그려 놓은 글자, 혹은 여인이 장부 끝에 적어 둔 흔적 속에서조차, 사람들은 '희망'이라는 단어를 발견했다. 그것은 단순한 글자가 아니었다. 글자는 곧 삶의 선언이었고, 공동체가 함께 나누는 약속이었다.

희망은 언제나 보이지 않는 힘으로 존재했다. 그러나 사람들은 그것을 눈에 보이게 하려 했다. 작은 기호와 말, 손길 속에 희망을 기록하고, 간직하고, 서로에게 건넸다. 철학적으로 말하자면, 희망은 단순한 감정이 아니라 인간이 스스로를 지탱하기 위해 만들어 낸 언어였다. 언어가 없다면 희망도 사라졌겠지만, 언어 속에서 희망은 매일 다시 태어났다.

저잣거리는 매 순간 철학의 학교였다. 학문으로 다듬어진 언어 대신, 삶으로 다져진 체험이 사람들을 가르쳤다. 희망이 없을 때 인간은 무너졌고, 희망을 붙잡을 때 인간은 다시 일어섰다. 그래서 사람들은 매일 같은 하루를 살아가면서도, 그 하루 속에서 철학적 사유를 실천했다. 그 사유의 이름은 희망이었다.

한 노인이 돌바닥에 앉아 있었다. 그는 무거운 세월을 짊어졌으나, 바닥에 막대기로 한 글자를 새겼다. '희망.' 아이가 다가와 그것을 보고 웃었고, 여인이 그 옆에 또 다른 글자를 덧붙였다. '내일.' 그렇게 글자들은 장터의 돌 위에서 서로 이어졌고, 사람들은 그 글자를 읽으며 마음속 깊은 곳에서 따뜻한 울림을 느꼈다.

희망은 철학적 사유의 씨앗이었다. 그것은 단순히 내일을 바라는 소망이 아니라, 인간이 절망을 해석하는 방식이었고, 시간을 견디는 방법이었다. 절망이 인간을 벽 앞에 세웠다면, 희망은 그 벽에 창문을 내는 행위였다. 희망은 단순한 위안이 아니라, 현실을 넘어설 수 있는 가능성에 대한 믿음이었다.

장터의 사람들은 배운 적이 없어도 알았다. 희망이야말로 인간을 인간답게 만드는 근원이라는 것을. 권위가 무너질 때, 여인의 손길이 떨릴 때, 아이의 울음이 터질 때마다, 그 속에는 '희망'이라는 글자가 숨어 있었다. 희망은 눈물 속에서도, 웃음 속에서도, 침묵 속에서도 존재했다.

그 안에는 '희망'이라는 단어가 크게 쓰여 있었다.

그것은 돌 위에 새겨진 글자가 아니라, 사람들의 마음속에 새겨진 철학적 사유였다. 저잣거리는 매일 그 단어를 증언했고, 사람들은 그 증언 속에서 다시 내일을 살아낼 힘을 얻었다.

저잣거리 말풍선

결론 : 내일을 부르는 힘

；

해가 저물며 장터는 비워졌다. 그러나 사람들의 마음속에는 내일이 남아 있었다. 굶주린 자도, 병든 자도, 손해 본 자도 모두 내일을 말했다.

나는 속으로 중얼거렸다.

"희망은 내일을 불러오는 힘이다. 우리가 희망을 말하는 한, 저잣거리는 무너지지 않는다."

그 말풍선이 달빛에 반짝이며 장터 위에 떠올랐다. 사람들은 그 빛을 따라 내일로 걸어갔다.

저잣거리를 채운 웃음과 눈물의 흔적 뒤에, 사람들은 다시 일어설 수 있는 이유를 찾았다. 그것은 결코 값비싼 약속이 아니었다. 한 아이의 맑은 눈빛, 여인이 품은 작은 다짐, 나그네의 발걸음 속에서 드러나는 길, 권위자가 흘린 눈물 뒤의 떨리는 고백. 모든 순간이 모여 하나의 등불처럼 사람들의 마음을 밝혔다.

희망은 결코 화려하지 않았다. 그것은 소박하고, 때로는 초라해 보였다. 그러나 바로 그 소박함 속에서 인간은 진짜 힘을 얻었다. 장터의 돌바닥 위에서 작은 불빛처럼 흔들리던 희망은, 어둠을 완전히 몰아내지는 못했지만, 사람들의 발걸음을 멈추게 하지도 않았다. 희망은 단순히 내일을 기다리게 하는 것이 아니라, 오늘을 견디게 하는 철학적 힘이었다.

절망은 여전히 장터를 스쳤다. 물건을 팔지 못한 상인의 한숨, 아이를 재우며 흘린 어머니의 눈물, 길을 잃은 나그네의 지친 어깨 위에도 절망은 그림자처럼 드리워졌다. 그러나 사람들은 그 절망을 두려워하지 않았다. 왜냐하면 절망의 가장자리에서 희망은 더 선명하게 빛났기 때문이다. 절망이 깊을수록 희망은 더 날카로워졌고, 그 날카로움은 사람들을 다시 일어서게 했다.

희망은 단지 개인의 힘에 그치지 않았다. 그것은 공동체를 이어 주는 끈이었다. 오늘의 작은 희망을 나눈 사람들이 내일을 함께 열어 갔다. 서로를 붙잡아 주는 손길, 서로에게 건네는 짧은 위로, 장터에서 오간 한 마디의 다짐, 이 모두가 내일을 불러내는 힘이 되었다. 희망은 그래서 늘 관계 속에서 피어났다. 혼자일 때는 쉽게 꺼졌지만, 함께할 때는 꺼지지 않는 불씨가 되었다.

희망은 인간이 시간 속에서 살아가는 방식이었다. 아직 오지 않은 미래를 믿고, 그 미래에 자신을 던지는 것. 희망이 없다면 인간은 단순히 현재에 갇혀 버리고 만다. 그러나 희망이 있기에 인간은 내일을 향해 나아갈 수 있었다. 저잣거리는 이 진리를 날마다 증언하는 철학의 무대였다.

밤은 깊었고, 등불은 하나둘 꺼져 갔지만, 희망의 불빛은 사라지지 않았다. 그것은 허공에 떠올라 장터의 하늘을 은은히 물들이고 있었다. 눈물과 웃음이 남긴 흔적 위로, 희망은 조용히 피어나 사람들의 마음을 감쌌다.

사람들은 그 빛을 따라 내일로 걸어갔다.

말풍선 요약 메모

- 희망은 보이지 않는 씨앗, 삶을 움직이는 자본.
- 아이·여인·상인·나그네·민중의 희망 묘사.
- 권위의 언어를 무너뜨리는 은밀한 무기.
- 철학적 사유 : 희망은 함께 나눌 때 힘이 되고, 혼자 가질 때 독이 된다.
➤ 희망은 내일을 부르는 힘, 저잣거리를 살아 있게 하는 숨결.

　　　　　　　　　　　　　　　　　　　저잣거리 말풍선

11장

배신 - 인간의 그림자

배신의 서늘함

;

　저잣거리는 웃음과 눈물, 희망과 교환으로 가득했지만, 그 속에는
언제나 배신의 그림자가 드리워져 있었다. 배신은 바람처럼 불쑥 찾아
와 사람들의 신뢰를 무너뜨렸다. 장터에서 배신은 값 흥정 속에, 거래
속에, 약속 속에 숨어 있었다. 배신의 서늘한 기운이 스칠 때, 웃음은
얼어붙고, 눈물은 검게 변했다.

　나는 광대로서 배신의 순간을 여러 번 목격했다. 그때마다 느낀 것
은, 배신은 단순한 거짓이 아니라, 관계를 무너뜨리는 칼날이라는 사실
이었다. 배신은 사람과 사람 사이에 놓인 다리를 끊어 버렸다.

　그 다리는 오랜 시간 정성껏 쌓아 올린 신뢰의 돌들로 지어졌고, 수
많은 대화와 약속의 손길이 그 위를 다져 왔다. 그러나 단 한 번의 배
신은 그 다리를 무너뜨렸다. 강물 위로 쏟아져 내린 돌은 다시는 제자
리를 찾지 못했고, 그 사이를 건너던 이들의 발걸음은 허공에 매달린
채 흔들렸다.

　저잣거리는 배신의 서늘함을 잘 알고 있었다.

　거래에서 약속을 어기고, 친구 사이의 신뢰를 저버리고, 가족조차
버리고 떠나는 일들이 가끔씩 벌어졌다. 그 순간 장터의 공기는 돌연
차가워졌다. 사람들은 말없이 눈을 피했고, 웃음소리는 사라졌다. 눈
물과 희망이 어우러지던 자리에서조차, 배신은 모든 색을 빼앗아 가버
렸다.

　소설처럼 장면을 떠올려 보자.

한 상인이 고된 나날을 함께 버텨 온 동료에게 속았다. 손에 쥔 동전 몇 닢을 빼앗기고, 남겨진 것은 허망한 빈 바구니뿐이었다. 그는 장터 한복판에서 멍하니 서 있었고, 그 순간 불어온 바람은 유난히 차가웠다. 그 바람은 단순한 계절의 바람이 아니라, 믿었던 이에게 등을 돌린 순간에만 스며드는 서늘함이었다.

배신은 인간의 본질을 드러내는 그림자였다.

사람은 서로 의지해야만 살아갈 수 있는 존재다. 그렇기에 신뢰는 삶의 근본 조건이 된다. 그러나 그 신뢰가 무너질 때, 인간은 가장 깊은 고독 속으로 추락한다. 배신은 단순히 관계의 파괴가 아니라, 인간이 인간답게 서는 조건을 무너뜨리는 행위였다. 신뢰가 무너진 자리는 텅 빈 공허로 남고, 그 공허 속에서 인간은 스스로의 그림자를 본다.

배신의 서늘함은 오래 남았다.

웃음은 잊히고, 눈물은 씻기지만, 배신의 기억은 돌처럼 마음속에 가라앉았다. 사람들은 그 무게를 쉽게 털어내지 못했고, 다시 다리를 놓는 일에도 조심스러워졌다. 배신은 단 한 번으로도 수많은 가능성을 닫아 버렸다.

그럼에도 불구하고, 사람들은 끝내 살아가기 위해 다시 다리를 놓아야 했다. 배신의 서늘함이 인간을 무너뜨렸지만, 동시에 새로운 신뢰를 갈망하게 했다. 그 다리를 다시 세우려는 몸부림 속에서 인간은 또 다른 철학을 배웠다.

"배신은 인간의 그림자이지만, 그림자가 있다는 것은 빛이 있다는 증거다."

그러나 그 순간까지, 배신은 여전히 사람들 사이를 가르는 차가운 바람으로 남아 있었다. 배신은 사람과 사람 사이에 놓인 다리를 끊어 버렸다.

상인의 배신

;

한 상인은 값싼 고기를 싱싱한 것처럼 속여 팔았다. 처음에는 아무도 눈치채지 못했다. 그러나 시간이 지나자 사람들이 병에 걸리고, 상인의 이름은 욕설 속에 오르내렸다. 장터에서 신뢰는 가장 귀한 화폐였기에, 그의 배신은 곧 파멸이었다.

손님 : "그대의 말이 믿음 같아 샀는데, 고기는 독이었구려."

상인 : "나도 먹고 살아야 해서 그랬소…."

손님 : "그대가 살기 위해 남을 죽이는가? 그것이 장터의 법이더냐?"

그날 이후, 아무도 그의 좌판 앞에 서지 않았다. 배신은 이익을 가져오는 듯 보였으나, 저잣거리는 언제나 거래의 장이었다.

사람과 사람이 만나 흥정을 벌이고, 서로의 이익을 조율하며, 신뢰를 바탕으로 교환이 이루어졌다. 장터에서 손을 맞잡는 일은 단순한 약속이 아니었다. 그것은 서로의 삶을 연결하는 다리였고, 공동체의 숨결을 이어 주는 끈이었다. 그러나 바로 그 자리에서 가장 뚜렷하게 드러나는 것이 배신이었다.

어떤 상인은 이익을 더 크게 챙기기 위해 손님을 속였다. 무게를 속이고, 값을 부풀리며, 뒤돌아서서는 비웃음을 흘렸다. 거래가 끝난 순간 그는 이겼다고 생각했다. 그러나 장터 사람들은 오래 기억했다. "저 사람은 믿을 수 없다."라는 말은 눈빛 하나로 전해졌고, 그의 가게 앞은 점차 발길이 끊겼다. 순간의 이익이 결국 신뢰를 무너뜨렸고, 무너진 신뢰는 곧 삶의 토대를 갉아먹었다.

어느 장터에서 한 상인이 손님에게 썩은 곡식을 팔았다. 손님은 처음에는 모르고 가져갔지만, 곧 상한 냄새를 맡았다. 분노와 실망이 섞인 눈빛이 장터를 가득 채웠다. 다른 이들은 그 광경을 지켜보았다. 그날 이후 그 상인의 가게는 늘 한산했다. 번쩍이던 눈빛은 점차 흐려졌고, 그는 외로이 가게 문을 닫을 수밖에 없었다. 그 배신은 손님을 속인 것이 아니라, 스스로의 삶을 무너뜨린 것이었다.

상인의 배신은 인간이 가진 탐욕의 초상이다. 이익을 좇아 눈앞의 욕망에 사로잡힐 때, 인간은 타인을 배신할 뿐만 아니라 스스로를 배신한다. 공동체는 신뢰 위에서만 지속될 수 있는데, 배신은 그 토대를 허물고 자기 자신을 고립시킨다. 결국 배신은 타인에게 향한 화살이 아니라, 되돌아와 자신을 찌르는 칼날이었다.

저잣거리는 그 사실을 매일 증언했다.

어떤 이는 배신을 통해 잠시 부유해졌지만, 그의 주변은 점점 공허해졌다. 그에게 웃어 주던 사람들은 사라졌고, 함께 웃던 자리도 텅 비어 갔다. 배신은 이익을 쌓는 듯 보였지만, 실은 자신을 갉아먹는 독이었다.

장터의 오래된 속담은 이렇게 말했다.

"속여 얻은 이익은 하루를 살리지만, 신뢰를 잃으면 평생을 잃는다."

이 말은 단순한 교훈이 아니라, 장터를 살아가는 이들의 철학이었다. 상인의 배신은 곧 자기 삶을 무너뜨리는 행위였고, 결국 자신을 삼키는 독이었다.

친구의 배신

;

장터에는 오랜 친구였던 두 상인이 있었다. 그러나 한쪽이 다른 쪽의 거래를 가로채 이익을 독차지했다. 그 사실이 드러나자, 우정은 하루아침에 무너졌다.

배신당한 상인 : "네가 나를 속일 줄은 몰랐다. 우리 사이가 장부였더냐?"

배신한 상인 : "돈 앞에선 친구도 없다."

그 말은 사람들의 마음을 차갑게 했다. 장터에서 가장 큰 슬픔은 낯선 이에게 속는 것이 아니라, 가까운 이에게 배신당하는 것이었다. 저잣거리는 우연한 만남의 장소였지만, 그 속에서 맺어진 인연은 때로 가족보다 깊었다.

어깨를 나란히 하고 장터를 지켜낸 친구, 서로의 장사를 도우며 이익을 나눈 동무, 밤이 깊을 때 술잔을 기울이며 삶의 고단함을 털어놓던 벗. 그 관계는 믿음으로 단단히 묶여 있었고, 그 믿음이 있었기에 하루의 버팀목이 될 수 있었다. 그러나 아이러니하게도, 가장 깊은 상처는 바로 그 믿음의 자리에서 태어났다.

친구의 배신은 낯선 이의 배신보다 훨씬 더 차갑게 다가왔다.

낯선 상인의 속임수는 화가 나도 잊을 수 있었다. 그러나 가까운 이의 배신은 잊히지 않았다. 마음을 열어 준 만큼, 상처는 더 깊었다. 가까움이 축복이 되기도 했지만, 배신 앞에서는 가장 날카로운 칼날이 되었다.

장터 한 모퉁이, 두 친구가 늘 함께 물건을 팔았다. 어느 날 한쪽이 다른 쪽 몰래 이익을 독차지했다. 작은 욕심이었으나, 그것이 드러난 순간 둘 사이의 다리는 무너졌다. 그들은 더 이상 같은 자리에 설 수 없었고, 오랜 세월 쌓은 우정은 하루아침에 허물어졌다. 사람들은 그 광경을 보며 입을 다물었다. 배신이 남긴 것은 돈 몇 닢의 이익이 아니라, 다시는 돌아오지 못할 관계의 상처였다.

친구의 배신은 인간 관계의 본질을 드러낸다.

인간은 본능적으로 타인에게 마음을 내어 주고, 그 안에서 자신을 확인한다. 친구란 나의 또 다른 얼굴이자, 나를 비추는 거울이다. 그래서 친구의 배신은 단순히 타인의 행위가 아니라, 나 자신이 부정당하는 경험이었다. 그 부정은 깊은 고독으로 이어졌고, 그 고독 속에서 인간은 자신의 그림자를 마주했다.

저잣거리는 친구의 배신을 오래 기억했다. 사람들은 이야기했다.

"저 둘은 한때 한몸처럼 지내던 사이였지."

그 기억은 곧 경고가 되었다. 누구든 배신할 수 있고, 누구든 배신당할 수 있다는 사실. 그러나 동시에 사람들은 알았다. 가까움이 없었다면 배신도 없었을 것이라는 것을. 즉, 배신은 사랑과 신뢰의 다른 얼굴이었다.

그래서 친구의 배신은 단순한 상처에 머물지 않았다. 그것은 인간이 서로에게 얼마나 깊이 기대고 있는지를 역설적으로 보여주는 증거였다. 가까움이 깊을수록, 배신의 상처는 더 깊었다.

권위의 배신

;

배신은 개인에게만 있지 않았다. 관청 또한 민중을 배신했다. 세금을 줄여 주겠다고 약속했으나, 다음 해 더 무거운 세금을 매겼다.

민중 : "약속은 바람처럼 흩어졌구나."

아전 : "명령은 언제나 바뀔 수 있는 법이다."

그 순간 민중은 깨달았다. 권위의 언어는 언제든 배신할 수 있다는 것을. 그래서 사람들은 권위의 약속을 믿지 않았다. 권위는 언제나 공동체를 이끌고 지탱하는 힘처럼 보였다.

왕의 명령, 관리의 법도, 장터를 다스리는 규율은 사람들을 하나로 묶는 질서였다. 그러나 그 권위가 약속을 저버릴 때, 사람들은 배신의 가장 깊은 어둠을 마주했다. 권위의 배신은 개인의 이익을 넘어 공동체 전체를 무너뜨렸고, 그 파장은 멀리 퍼져 나갔다.

장터에서 관리가 세금을 거둔다고 하자 사람들은 묵묵히 동전을 내놓았다. 그것은 힘 앞의 굴복이 아니라, 공동체의 질서를 믿고 따르려는 신뢰였다. 그러나 관리가 그 돈을 사사로이 챙기고, 공공의 곳간 대신 사치스러운 잔치에 흩뿌렸을 때, 장터 사람들은 더 이상 그를 존중할 수 없었다. 그날 이후 장터의 공기는 달라졌다. 누군가를 따르는 목소리는 사라지고, 대신 서로를 지키려는 시선만 남았다.

한 젊은 장정이 속삭였다.

"우리는 누구를 믿어야 하지?"

옆에 있던 노파가 대답했다.

"믿을 건 결국 우리 자신이지. 권력은 언제든 우리를 버릴 수 있어."

그 대화 속에서 사람들은 배웠다. 권위의 배신은 모든 질서를 흔들었지만, 동시에 또 다른 길을 열었다. 그것은 권위를 향한 무조건적 복종이 아니라, 서로를 향한 새로운 신뢰였다.

권위의 배신은 인간 사회의 근본적 긴장을 드러낸다. 권위는 공동체의 약속에서 태어나지만, 그 약속을 지키지 않을 때 권위는 스스로를 무너뜨린다. 권위가 배신하는 순간, 사람들은 제도와 규율 대신 서로의 눈빛에서 신뢰를 찾게 된다. 그 과정에서 희망은 위에서 내려오는 것이 아니라, 아래에서부터 솟아오른다.

장터의 노래와 속담은 그런 희망의 언어였다. 관리나 법의 명령보다 더 강하게 사람들을 묶어 준 것은 오랜 입말 속에 담긴 지혜였다. "속인 자는 하루를 살지만, 속이지 않은 자는 세대를 산다."라는 속담은 사람들의 입에서 돌고 돌았다. 그 말은 단순한 교훈이 아니라, 권위가 무너진 시대를 살아가는 이들의 실질적인 법이었다.

사람들은 권위의 배신을 경험하면서도 무너지지 않았다. 그들은 서로를 향해 작은 약속을 이어 갔고, 그 약속은 권위의 명령보다 더 단단했다. 장터에서 흘러나온 노래는 단순한 흥얼거림이 아니라, 서로에게 건네는 맹세였다.

결국 사람들은 권위를 대신할 또 다른 권위를 만들었다. 그것은 제도와 힘이 아니라, 공동체가 서로를 붙잡아 지켜 내는 신뢰였다.

대신 속담과 노래 속에서 서로의 약속을 지켰다.

사랑의 배신

;

　장터에는 사랑의 배신도 있었다. 한 젊은 여인이 장정과 약속을 했으나, 그는 다른 마을의 부유한 집안으로 떠났다. 여인은 한동안 장터에서 울며 물건을 팔았다.

　여인 : "내 마음은 값이 없었는데, 그는 값으로 나를 저울질했구나."

　사람들은 그녀를 위로했지만, 배신의 상처는 깊었다. 사랑의 배신은 장터의 모든 웃음을 잠시 멈추게 했다. 그러나 시간이 지나자 그녀는 다시 웃었다. 눈물 위에서 다시 장사를 시작했다. 사랑은 인간 관계 중 가장 뜨겁고 가장 순수한 결합이었다.

　장터의 소란 속에서도 사랑은 은밀히 자라났다. 젊은 연인들은 시선을 주고받으며 희망을 나누었고, 부부는 굳은살 박힌 손을 잡고 고단한 삶을 함께 견뎠다. 사랑은 세상의 풍파를 버티게 하는 유일한 힘처럼 보였다. 그러나 아이러니하게도, 사랑이 깊을수록 배신의 상처는 더 날카로웠다.

　사랑의 배신은 단순한 약속의 파기가 아니었다. 그것은 존재의 근본을 흔드는 무너짐이었다. 타인의 마음에 자신을 온전히 내어 주었기에, 그 마음이 돌아섰을 때 남겨진 자는 자신마저 잃어버린 듯한 공허에 빠졌다. 친구의 배신이 관계를 무너뜨린다면, 사랑의 배신은 삶 전체를 흔들었다.

　한 여인이 장터 모퉁이에서 멍하니 서 있었다. 함께 미래를 약속했던 남자가 더 이상 돌아오지 않았다. 다른 이와 손을 잡고 걸어가는 그의 뒷모습을 본 순간, 그녀의 가슴은 돌처럼 굳어졌다. 눈앞의 풍경은 여전히 똑같았으나, 세상은 더 이상 예전과 같지 않았다. 그날의 장터는 웃음과 노랫소리로 가득했지만, 그녀의 귀에는 그 모든 소리가 메아리 없는 공허로 들렸다.

철학적으로 보자면, 사랑의 배신은 인간 실존의 심연을 드러낸다. 인간은 사랑을 통해 자신을 타인에게 건네고, 그 안에서 정체성을 확인한다. 그러나 그 사랑이 무너질 때, 인간은 자신이 누구인지조차 의심하게 된다. 그래서 사랑의 배신은 단순히 상처가 아니라, 존재론적 붕괴의 경험이었다.

그럼에도 불구하고, 사랑의 배신은 인간을 완전히 무너지게 하지는 못했다. 상처는 오래 남았고, 그 고통은 날카로웠지만, 시간은 다시 인간을 일어서게 했다. 장터의 여인들은 눈물을 닦고 아이를 안으며 내일을 준비했고, 남겨진 이들은 다시 장터의 소란 속으로 걸음을 옮겼다. 사랑의 배신이 남긴 공허 속에서도 삶은 계속되었고, 그 삶 속에서 또 다른 희망이 피어났다.

저잣거리는 이를 매일 증언했다.

오늘은 떠나간 이를 그리워하며 고개 숙인 이가 있었고, 내일은 새로운 미소를 건네며 다시 시작하는 이가 있었다. 배신은 인간의 그림자였지만, 그림자가 드리운 자리에 빛이 스며들듯, 인간은 끝내 다시 일어섰다.

배신은 아프지만, 인간은 다시 일어섰다.

배신과 공동체

;

배신은 한 사람의 일이 아니라 공동체의 일이었다. 한 명의 배신이 장터 전체를 흔들었다. 그래서 사람들은 서로를 감시했고, 동시에 서로를 다독였다. 신뢰는 배신을 막는 유일한 울타리였다.

나는 종종 북을 치며 말했다.

"사람들이여, 배신은 그림자다."

그러나 그림자가 있으려면 빛이 있어야 한다. 빛을 잃지 않는 한, 배신은 인간의 그림자였다.

그림자는 언제나 빛을 따라다니듯, 인간이 관계를 맺는 자리에는 반드시 배신의 가능성이 스며들어 있었다. 상인의 욕심, 친구의 거짓, 권위의 탐욕, 사랑의 파괴는 모두 저잣거리의 기억 속에 남아 있었다. 그러나 그 모든 배신에도 불구하고, 공동체는 완전히 무너지지 않았다. 왜냐하면 사람들은 그림자보다 더 강한 빛을 품고 있었기 때문이다.

저잣거리는 그 사실을 증언하는 공간이었다.

오늘 어떤 이는 배신당해 무너졌지만, 내일 또 다른 이는 손을 내밀어 그를 일으켜 세웠다. 누군가는 속았지만, 누군가는 그를 감싸 안았다. 배신이 남긴 상처는 깊었지만, 그 상처를 꿰매는 힘 또한 공동체 안에서 자라났다. 사람들은 서로에게 기대며 배신의 서늘함을 견뎌 냈다.

한 상인이 친구에게 배신당한 뒤 장터에 나오지 않았다. 며칠 뒤, 몇몇 이웃들이 그의 집 문을 두드렸다. 말없이 곡식을 나누어 주고, "다시 나오라"는 눈빛을 건넸다. 상인은 한참 동안 망설이다가 다시 장터로 발걸음을 옮겼다. 배신으로 끊어진 다리는 완전히 이어지지 않았지만, 다른 다리가 그를 건너오게 했다. 그 다리는 공동체의 신뢰였다.

배신과 공동체는 빛과 그림자의 관계였다. 배신이 인간의 불완전함을 드러냈다면, 공동체는 그 불완전함을 끌어안는 빛이었다. 배신은 무너뜨렸지만, 공동체는 다시 세웠다. 배신은 갈라 놓았지만, 공동체는 다시 묶었다. 그래서 인간은 배신 속에서도 끝내 살아남을 수 있었다.

저잣거리는 속담과 노래로 이 사실을 전했다.

"속여도 결국 함께 살아야 한다."

"배신은 잠시고, 신뢰는 길게 간다."

이런 말들은 단순한 구호가 아니었다. 그것은 수많은 배신을 견디며 남겨진 공동체의 지혜였다. 사람들은 서로에게 상처를 주었지만, 그럼에도 불구하고 함께 살아가야 했다.

결국 공동체란 배신을 지워 버리는 것이 아니라, 그 배신을 견디며 새로운 길을 여는 힘이었다. 배신은 인간의 그림자였으나, 공동체는 그 그림자에 압도되지 않았다. 오히려 그림자 덕분에 빛의 소중함을 더 강하게 느낄 수 있었다.

그림자는 우리를 삼키지 못한다.

철학적 사유

;

나는 스스로에게 물었다. 왜 배신은 이렇게 깊은 상처를 남기는가? 거짓말이나 손해보다 더 아프게 남는 이유는 무엇인가? 대답은 하나였다.

"배신은 타인의 마음속에 있던 내 모습을 무너뜨리기 때문이다."

배신은 관계를 부정했고, 나를 비워 냈다. 그래서 배신당한 이는 고통 속에서 스스로를 다시 찾아야 했다. 배신은 언제나 인간의 그림자를 드러냈다.

그림자는 누구도 피할 수 없었고, 빛과 함께 늘 존재했다. 배신이 없었다면 신뢰의 의미도 없었고, 어둠이 없다면 빛의 소중함도 알 수 없듯이, 배신은 인간이 타인과 관계를 맺는 순간부터 함께 따라다니는 숙명이었다. 그래서 저잣거리는 단순한 거래의 공간이 아니라, 인간 존재를 해석하는 철학의 무대였다.

사람들은 배신을 경험할 때마다 물었다.

"왜 그는 나를 속였는가?"

"나는 왜 다시 믿으려 하는가?"

이 질문은 단순한 감정의 토로가 아니라, 인간 관계의 본질을 파고드는 철학적 사유였다. 믿음은 언제나 위험을 내포했고, 그럼에도 인간은 믿지 않고서는 살아갈 수 없었다. 배신이 주는 상처는 깊었지만, 그 상처를 통과한 뒤 인간은 더욱 성숙한 눈으로 타인을 바라보게 되었다.

한 노인이 장터 모퉁이에서 담담히 말했다.

"나는 세 번 배신을 당했네. 그러나 그 덕분에 사람을 더 잘 알게 되었지. 믿음이란 결국 다시 건네야 하는 거야."

그의 목소리는 쓸쓸했으나, 그 안에는 단단한 결심이 있었다. 배신의 경험은 그를 무너뜨리지 않았고, 오히려 더 깊은 사유의 길로 이끌었다.

배신은 인간 실존의 필연적 조건이었다. 인간은 자유로운 존재이기에 언제든 약속을 어길 수 있다. 바로 그 자유가 인간을 고귀하게 만들기도 하지만, 동시에 가장 큰 상처를 남기기도 한다. 배신은 자유의 그림자였다. 그러나 그 그림자를 통해 인간은 스스로를 성찰했고, 자유의 책임을 다시 배웠다.

저잣거리는 이를 매일 증언했다. 배신으로 무너진 관계 속에서도 사람들은 다시 길을 찾았고, 그 길 위에서 자신을 돌아보았다. 배신은 공동체를 흔들었지만, 동시에 더 단단한 약속의 가치를 일깨워 주었다. 그 과정은 고통스러웠지만, 동시에 성찰의 길이 되었다.

화해의 가능성

;

그러나 모든 배신이 파멸로 끝나는 것은 아니었다. 어떤 이들은 배신을 넘어 화해했다. 한 친구는 다른 친구의 배신을 용서하며 말했다.

"네가 나를 속였지만, 나는 다시 너를 믿겠다. 믿음이 끊기면 우리 모두 무너진다."

그 말에 사람들은 놀랐지만, 동시에 감동했다. 배신을 넘는 길은 복수나 단절이 아니라, 더 큰 신뢰였다. 그것은 쉽지 않았으나, 공동체를 지탱하는 힘이었다.

배신은 인간의 관계를 산산이 부수었다.

믿었던 손길이 등을 돌리는 순간, 사람은 가장 깊은 고독 속에 내던져졌다. 장터의 소란스러운 웃음과 노랫소리도 그 고독을 감추지 못했다. 그러나 무너진 다리 위에서도 사람들은 다시 건너가려는 시도를 멈추지 않았다. 왜냐하면 인간은 혼자서는 살아갈 수 없고, 결국 관계 속에서만 존재할 수 있기 때문이다.

화해는 결코 쉬운 일이 아니었다. 배신의 기억은 오래 남았고, 그 상처는 깊게 새겨졌다. 그러나 상처가 아무리 아파도, 사람들은 다시 마주 앉아야 했다. 장터에서 거래가 멈추면 삶이 끊어지듯, 관계가 단절되면 인간은 제자리를 잃는다. 그래서 화해는 선택이 아니라, 존재의 필연이었다.

한 상인이 오랜 친구에게 속은 뒤 수년 동안 말을 섞지 않았다. 그러나 어느 날, 친구가 병들어 장터에 나오지 못한다는 소식이 전해졌다.

그는 오래 망설이다가 결국 친구의 집 앞에 서게 되었다. 닫힌 문 앞에서 한참을 머뭇거리던 그는 마침내 조용히 문을 두드렸다. 두 눈이 마주친 순간, 말은 나오지 않았다. 대신 오래 묻혀 있던 눈물이 흘렀다. 그 눈물은 완전한 용서를 뜻하지는 않았지만, 다시 관계를 이어 갈 가능성을 열었다.

화해는 인간의 조건 속에서 불가피하게 찾아오는 귀결이었다. 배신이 인간의 그림자라면, 화해는 빛의 반대편에서 드리워진 또 다른 가능성이었다. 화해는 상처를 지우는 것이 아니라, 상처 위에 다리를 다시 놓는 일이었다. 그 다리는 이전보다 더 튼튼하지 않을 수 있지만, 다리를 놓으려는 시도 자체가 인간성을 증언했다.

저잣거리는 그 사실을 잘 알고 있었다.

오늘은 배신으로 갈라진 이들이 있었지만, 내일은 서로의 손을 붙잡는 광경도 있었다. 화해는 완벽하지 않았으나, 그 불완전함 속에서 인간은 다시 살아갔다. 배신이 그림자라면, 화해는 빛과 그림자가 공존할 수 있게 하는 공간이었다. 사람들은 깨달았다. 배신의 상처를 안고도 다시 함께 살아야 한다는 것을. 화해는 결코 쉽지 않았으나, 공동체를 지탱하는 힘이었다.

인간의 그림자

;

해가 저물 무렵, 장터의 그림자가 길게 늘어졌다. 나는 그 그림자를 바라보며 생각했다. 웃음과 눈물, 희망이 빛이라면, 배신은 그림자였다. 그림자가 없을 수는 없다. 그러나 그림자가 전부가 될 수도 없다.

나는 속으로 중얼거렸다.

"배신은 인간의 그림자다. 우리가 서로를 비출 때, 그림자는 따라오지만, 빛이 꺼지지 않는 한 그림자는 우리를 삼키지 못한다."

그 말풍선이 허공에 떠올라, 저잣거리의 어두운 하늘 속에서도 희미한 빛을 품었다. 배신은 인간의 가장 차가운 얼굴이었다.

웃음이 삶을 지탱하는 빛이었다면, 배신은 그 빛 뒤에 드리운 그림자였다. 신뢰가 무너지고, 약속이 깨어질 때, 사람들은 돌이킬 수 없는 상처를 경험했다. 상인의 탐욕, 친구의 거짓, 권위의 타락, 사랑의 파괴 — 이 모든 순간이 저잣거리를 가로질렀다. 그때 장터의 공기는 얼어붙었고, 사람들의 마음은 깊은 절망 속으로 가라앉았다.

그러나 아이러니하게도, 그 그림자 속에서 사람들은 또 다른 가능성을 발견했다. 배신은 인간의 불완전함을 드러냈지만, 동시에 공동체의 진실한 힘을 시험했다. 누군가는 무너졌으나, 누군가는 그를 일으켜 세웠고, 누군가는 침묵했으나, 누군가는 다리를 다시 놓았다. 배신은 상처였지만, 동시에 성찰의 계기였으며, 다시 신뢰를 묶어 내는 힘의 출발점이 되었다.

소설처럼 장면을 그려 보자.

장터 모퉁이에 홀로 선 한 사내가 있었다. 그는 믿었던 이에게 배신당한 뒤 고개를 들지 못했다. 그러나 곧 그의 곁에 한 아이가 다가와 작은 손을 내밀었다. "같이 가요." 그 한 마디가 무너진 다리를 다시 잇는 첫 걸음이 되었다. 배신의 그림자는 사라지지 않았지만, 그 위로 희미한 빛이 스며들고 있었다.

철학적으로 보자면, 인간의 그림자는 결코 지워지지 않는다. 자유가 있는 곳에는 언제나 배신의 가능성이 있고, 신뢰가 있는 곳에는 그 신뢰를 무너뜨릴 위험이 숨어 있다. 그러나 인간이 인간답게 사는 것은 바로 그 그림자를 직면하고, 그 안에서 다시 빛을 찾아내는 과정이었다. 배신은 인간의 어두운 그림자였지만, 그림자가 있다는 것은 빛이 여전히 존재한다는 증거였다.

저잣거리는 날마다 그 사실을 증언했다. 오늘은 배신의 상처가 장터를 뒤덮었지만, 내일은 다시 손을 맞잡는 이들이 나타났다. 그림자는 언제나 어두웠지만, 그 어둠은 인간을 무너뜨리지 못했다. 오히려 사람들은 그 어둠을 통과하며 조금 더 단단해졌다.

저잣거리의 어두운 하늘 속에서도 희미한 빛을 품었다.

말풍선 요약 메모

- 배신은 웃음·눈물·희망과 함께 늘 존재하는 그림자.
- 상인, 친구, 권위, 사랑 속에 드러난 다양한 배신.
- 배신은 공동체 전체를 흔드는 힘이지만, 동시에 성찰의 기회.
- 화해는 배신을 넘는 유일한 길.
- ▶ 배신은 인간의 그림자, 빛이 꺼지지 않는 한 우리를 삼키지 못한다.

12장

구원 - 다시 일어서는 노래

구원의 흔적

;

저잣거리는 웃음과 눈물, 희망과 배신이 교차하는 무대였다. 그러나 그 모든 것을 꿰매어 하나로 잇는 힘이 있었다. 그것이 바로 '구원'이었다. 구원은 멀리 있는 신의 손길만이 아니었다. 장터의 한쪽에서 건네는 작은 위로, 이웃이 베푸는 한 숟가락의 죽, 광대의 허튼소리 속에서 솟는 웃음조차도 구원이 되었다. 구원은 삶이 무너진 자를 다시 일으켜 세우는 노래였다.

나는 수많은 절망의 장면을 보았다. 그러나 그 속마다 어김없이 구원의 흔적이 있었다. 작은 빛이 큰 어둠을 뚫듯, 구원은 늘 사람들 사이에서 피어났다.

저잣거리를 지나던 이들은 알고 있었다. 무너진 자리에서 누군가를 다시 일으켜 세우는 힘은 멀리 있지 않았다. 그것은 권위자의 명령에서도, 신비로운 기적에서도 오지 않았다. 구원은 언제나 가장 가까운 곳, 서로의 눈빛과 손길 속에서 잉태되었다.

장터의 소란은 끊임없이 오르내렸지만, 그 속에서 가끔씩 기적 같은 순간이 일어났다. 넘어져 있던 이를 부축하는 손길, 굶주린 이를 향해 내밀어진 작은 빵 조각, 절망 속에 앉아 있는 이를 향해 건네진 한 마디의 위로. 그것들은 크지 않았지만, 사람들을 다시 일어서게 하는 힘이었다.

한 노파가 무거운 짐을 들다 돌부리에 걸려 쓰러졌다. 장터의 사람들은 순간 멈칫했으나, 곧 여러 손길이 동시에 뻗어 나왔다. 아이가 짐

저잣거리 말풍선

을 주워 들고, 젊은 장정이 팔을 붙잡고, 여인이 그 이마를 닦아 주었다. 노파는 눈시울이 붉어졌다. "고맙네." 그 짧은 말 속에서, 저마다의 마음속에도 작은 빛이 켜졌다. 구원은 멀리 있지 않았다. 그것은 늘 사람들 사이에서 피어나는 순간이었다.

철학적으로 보자면, 구원은 인간 실존의 근본적 갈망이었다. 인간은 고통을 피할 수 없고, 배신과 절망을 경험하지 않을 수 없다. 그러나 바로 그 순간마다 구원의 가능성이 열린다. 구원이란 초월적 힘이 아니라, 공동체가 서로를 향해 내미는 손길 속에서 드러나는 인간성의 본질이었다. 그래서 구원은 단지 한 사람의 문제가 아니라, 모두가 함께 살아가는 증거였다.

저잣거리는 매일 구원의 흔적을 남겼다. 오늘은 무너진 이를 일으켜 세웠고, 내일은 또 다른 이를 지탱했다. 그것은 끊임없는 되풀이처럼 보였지만, 사실 그 되풀이 속에서 공동체는 조금씩 단단해졌다. 구원의 기억은 오래 남아, 다른 이들에게도 희망을 전했다.

사람들은 알았다. 구원은 하늘에서 떨어지는 번쩍임이 아니라, 땅 위에서 서로의 어깨를 붙드는 순간에 피어난다는 것을.

구원은 늘 사람들 사이에서 피어났다.

아이들의 구원

;

아이들에게 구원은 단순했다. 울고 있는 친구를 달래며 돌멩이를 나누거나, 빵 한 조각을 쪼개 함께 먹는 것. 그 사소한 행위가 아이들을 다시 웃게 했다.

어느 날, 인형을 잃어버려 울던 아이에게 다른 아이가 자기 인형을 건네주었다. 울던 아이는 눈물을 멈추고, 둘은 함께 웃었다. 그 작은 나눔이 구원이었고, 아이들은 그것을 본능적으로 알고 있었다.

"구원은 멀리 있는 게 아니야. 내 손에 있는 걸 조금 나눌 때 오는 거야."

아이들의 행위는 단순했지만, 어른들이 잊은 진실을 보여 주었다.

저잣거리는 늘 아이들의 웃음과 발자국 소리로 살아 있었다. 그 작은 존재들은 때로는 장터의 소란을 방해하는 듯 보였으나, 사실 그들은 장터의 공기를 새롭게 바꾸는 숨결이었다. 아이들은 장난스럽게 뛰놀다가도, 누군가 쓰러진 것을 보면 가장 먼저 달려가 손을 내밀었다. 그 손길에는 계산도, 이해득실도 없었다. 아이들의 구원은 언제나 순수했고, 그래서 더 깊은 울림을 주었다.

한 장정이 무거운 짐을 지고 장터를 걷다 돌부리에 걸려 넘어졌다. 사람들은 순간 주춤했다. 누구 하나 쉽게 다가가지 못하는 침묵이 흐르는 사이, 한 아이가 먼저 달려갔다. 아이는 작은 손으로 짐을 붙잡고, 엉거주춤 장정을 일으켜 세웠다. 힘으로는 부족했지만, 그 눈빛과 움직임이 다른 이들의 마음을 깨웠다. 이윽고 어른들이 따라와 손을 내밀었다. 구원은 아이의 순수한 행동에서 시작되었다.

아이들은 가르치려 하지 않았지만, 이미 많은 것을 보여 주었다. 그들의 행위는 단순했다. 손을 잡아 주고, 빵을 나누고, 눈물을 닦아 주었다. 그러나 바로 그 단순함 속에 어른들이 잊어버린 진실이 있었다. 구원은 거창한 계획이나 복잡한 조건에서 오는 것이 아니라, 가장 가까운 자리에서 서로를 돕는 행위에서 시작된다는 사실.

아이들의 구원은 인간 존재의 원초적 가능성을 드러냈다. 아이는 아직 계산과 이해득실의 언어에 물들지 않았다. 그들의 세계는 '지금 여기'에서 울고 웃는 단순한 진실로 채워져 있었다. 그래서 아이들의 구원은 어른들에게 잊힌 '즉시성'을 일깨웠다. 곧장 손을 내미는 그 행위 속에서, 인간이 본래 서로를 지탱하기 위해 태어난 존재임을 보여 주었다.

저잣거리는 아이들의 작은 구원을 오래 기억했다.

어른들은 그 모습을 보며 스스로를 돌아보았다. "우리는 왜 저렇게 단순하게 행동하지 못하는가?"라는 질문이 그들 마음속에 울렸다. 아이들의 행위는 거창하지 않았으나, 그 울림은 장터의 공기를 바꾸었다. 구원은 순수와 단순 속에서 피어난다는 사실을 사람들에게 가르쳤다.

아이들의 행위는 단순했지만, 어른들이 잊은 진실을 보여 주었다.

여인들의 구원

;

여인들의 구원은 서로의 등을 두드리는 데서 시작되었다. 무거운 짐을 진 여인이 주저앉으면, 곁의 여인이 손을 내밀어 일으켜 세웠다. 장터 한켠에서 울고 있으면, 누군가가 다가와 국밥 한 그릇을 건넸다.

여인 : "나도 어제는 울었네. 그러니 오늘은 내가 그대 어깨를 빌려주지."

여인들의 구원은 나눔과 공감 속에서 피어났다. 저잣거리의 구원은 종종 여인들의 손끝에서 시작되었다.

장터를 오가는 이들은 삶에 지쳐 있었고, 배신과 절망은 그들의 어깨를 무겁게 눌렀다. 그러나 그 순간마다 여인들은 침묵 속에서, 혹은 눈물 속에서 누군가를 붙들어 주었다. 그들의 구원은 요란하지 않았고, 법전이나 명령서에 기록되지도 않았다. 그것은 작은 손길, 함께 흘려 주는 눈물, 그리고 잠시 등을 내어 주는 포옹 속에 깃들어 있었다.

장터에서 하루 종일 물건을 팔지 못한 상인이 한쪽에 주저앉아 있었다. 그는 허탈하게 하늘만 바라보며 손에 쥔 동전을 만지작거렸다. 그때 한 여인이 다가와 말없이 주머니에서 빵 한 조각을 꺼내 주었다. "먹게." 그 한 마디 뒤에 더 이상의 설명은 필요하지 않았다. 상인은 눈물이 핑 돌았고, 그 순간 마음속에서 무너진 무언가가 다시 세워졌다. 구원은 거창한 기적이 아니라, 여인의 손끝에서 피어난 작고 단단한 온기였다.

여인들의 구원은 공동체를 지탱하는 힘이었다.

저잣거리 말풍선

아이를 돌보며 자신은 굶더라도 한 끼를 내어 주고, 남편이 무너졌을 때 등을 두드려 일으켜 세우며, 이웃이 배신당했을 때 "괜찮다"는 말을 건네는 일. 그것은 제도나 권위가 대신할 수 없는 구체적인 삶의 힘이었다. 여인들의 눈물과 손길은 장터의 균열을 메웠고, 그 위에 새로운 신뢰를 쌓아 올렸다.

여인들의 구원은 '공감의 철학'을 드러냈다. 인간은 고통을 나눌 때만 진정으로 치유된다. 법은 정의를 세울 수 있어도, 상처를 어루만질 수는 없다. 권위는 질서를 세울 수 있어도, 마음의 균열을 메울 수는 없다. 오직 공감의 손길만이 인간의 상처를 치유한다. 그래서 여인들의 구원은 제도보다 강했고, 법보다 오래갔다.

저잣거리는 그 사실을 매일 증언했다.

사람들은 여인들의 구원을 기억하며 말했다.

"우리 공동체가 무너지지 않는 이유는 그들의 눈물이 있기 때문이다."

아이들의 웃음이 희망의 씨앗이었다면, 여인들의 구원은 그 씨앗을 자라게 하는 물줄기였다. 그것은 제도나 법이 아니라, 서로의 눈물을 닦아 주는 손길이었다.

상인들의 구원

;

상인들은 이익을 좇는 듯 보였지만, 구원의 순간도 있었다. 장터에서 굶주린 이를 보았을 때, 일부 상인들은 몰래 빵 한 조각, 생선 한 마리를 쥐여 주었다. 그것이 장부에 적히지 않는 거래였다. 그러나 그 거래가 장터를 살렸다.

나는 어느 상인이 장부 끝에 이런 글귀를 적은 것을 보았다.

"오늘 빚 - 한 덩이 빵. 내일 갚음 - 한 사람의 웃음."

상인의 삶은 언제나 계산과 거래 위에 세워졌다.

무게를 달고, 값을 흥정하며, 이익과 손실을 저울질하는 일은 장터의 일상이었다. 그러나 그 모든 숫자와 계산 뒤에, 상인들은 알고 있었다. 진정한 장터의 힘은 이익이 아니라 신뢰라는 것을. 신뢰가 무너지면 아무리 많은 물건도 팔리지 않았고, 신뢰가 쌓이면 작은 물건 하나에도 마음이 오갔다. 상인들의 구원은 바로 이 신뢰 속에서 태어났다.

한 상인이 가난한 손님에게 물건 값을 덜 받았다. 그는 이유를 설명하지 않았다. 다만 짧게 말했다.

"언젠가 형편이 나아지면, 그때 더 사 가면 되지."

그 말은 장부에 적히지 않았다. 그러나 사람들의 마음속에는 오래 남았다. 시간이 흘러, 그 손님은 다시 장터에 돌아와 값비싼 물건을 사며 말했다. "그때 그 은혜를 잊지 않았습니다." 상인은 미소 지었고, 장터 사람들은 그 장면을 조용히 지켜보았다. 구원은 거래의 순간에도 존재할 수 있었고, 그것은 이익을 넘어선 윤리였다.

상인들의 구원은 말없는 증언이었다.

그들은 장터의 규칙이 탐욕에 무너질 때, 자신들의 방식으로 균형을 되찾았다. 무너진 다리를 다시 놓는 것이 아니라, 스스로의 마음을 드러내어 신뢰를 회복한 것이다. 어떤 이는 장부 옆에 작은 글귀를 적어 두었다.

"정직은 이익보다 오래 간다."

그 글귀는 상인의 진심을 드러냈다.

상인들의 구원은 '윤리적 실천'이었다. 인간은 이익을 추구하는 존재지만, 동시에 서로를 배려하지 않으면 공동체를 지탱할 수 없다. 상인들은 몸으로 그 사실을 증명했다. 구원은 법으로 강제되는 것이 아니라, 거래의 순간에 자발적으로 선택되는 윤리적 결단이었다.

저잣거리는 이 사실을 매일 증언했다.

어떤 상인은 탐욕으로 무너졌지만, 또 다른 상인은 신뢰로 공동체를 살렸다. 그들의 구원은 법전이 아닌 장터의 기억 속에 남았다. 손님이 떠난 뒤에도, 그들의 진심은 속담과 이야기로 퍼져 나갔다.

그 글귀는 상인의 진심을 드러냈다. 상인들의 구원은 장터의 윤리였다.

나그네의 구원

;

　길 위의 나그네는 자신이 본 절망을 증언하는 동시에, 구원의 이야기도 전했다. 전쟁터에서 누군가가 병든 아이를 등에 업고 도망쳤다는 이야기, 흉년 속에서도 노래를 부른 마을의 이야기.

　나그네 : "사람이 사람을 버리지 않는 한, 길은 끊어지지 않는다."

　그의 증언은 사람들에게 힘이 되었다. 나그네는 언제나 길 위에 있었다.

　저잣거리를 스쳐 지나가는 이방인은, 낯선 풍경과 먼 곳의 소식을 함께 가져왔다. 사람들은 그에게서 타지의 이야기를 들었고, 아직 보지 못한 세상의 가능성을 엿보았다. 나그네의 말 한 마디, 짐 속에서 꺼낸 작은 물건 하나에도, 사람들은 자신들이 속한 장터를 넘어서는 더 큰 세계를 느낄 수 있었다. 그 체험은 고단한 삶 속에 새로운 바람을 불어넣었다.

　어느 날 장터에 다리 건너 먼 곳에서 온 나그네가 나타났다. 그는 헤진 옷을 입고 있었지만, 눈빛은 깊었다. 아이들이 몰려들자 그는 먼 바다에서 본 빛나는 파도 이야기를 들려주었다. 사람들은 잠시 침묵했다. 장터의 돌바닥에만 시선을 두고 살아가던 이들에게, 바다의 푸른 물결은 상상조차 하지 못한 세상의 풍경이었다. 그날 이후 사람들은 힘들어도 고개를 들어 먼 곳을 바라보았다. 나그네의 말은 구원이 되어, 메마른 마음에 새로운 희망을 심었다.

　나그네의 구원은 단순히 이야기로 끝나지 않았다. 그는 삶의 방식

자체로 구원을 보여 주었다. 길 위에서 넘어져도 다시 일어나는 그의 발걸음, 낯선 땅에서 웃음을 잃지 않는 얼굴, 어제와 전혀 다른 풍경 속에서도 내일을 향해 걷는 자세. 그것은 장터 사람들에게 또 다른 교훈이 되었다.

"살아간다는 것은 곧 길 위에 있다는 것이구나."

우리는 모두 길 위에 선 나그네와 같다. 목적지는 알 수 없으나, 길이 이어져 있다는 사실만으로도 희망을 품는다. 나그네는 자신의 존재를 통해 이 진실을 증언했다. 구원이란 결국 길 위에서 서로를 만나고, 그 만남 속에서 새로운 가능성을 나누는 일이었다.

저잣거리는 나그네를 통해 자신들의 세계가 닫혀 있지 않음을 배웠다. 배신과 절망이 장터를 덮을 때, 나그네의 이야기는 먼 곳에서 불어오는 바람처럼 새로운 길을 열어 주었다. 그 바람은 오래 머물지 않았지만, 사람들의 가슴속에 남아 내일을 향한 발걸음을 이끌었다.

나그네의 구원은 먼 곳의 희망을 가져와, 저잣거리에 심어 주는 일이었다.

권위와 구원

;

    권위는 억압만을 상징하지 않았다. 드물지만, 권위의 자리에서조차 구원이 있었다. 병든 아이에게 약을 나눠 준 아전, 세금을 거두면서도 몰래 어떤 집안을 빼 준 관리. 사람들은 그 순간 권위를 처음으로 인간으로 보았다.

    민중 : "권력자도 눈물을 흘릴 수 있구나."

    그 순간은 짧았지만, 사람들에게 깊은 울림을 남겼다. 권위는 언제나 높은 곳에서 내려다보았다.

    법과 명령, 규율과 질서는 그 자체로 힘이었고, 사람들을 억누르기도 했다. 그러나 역설적으로, 구원은 그 단단한 껍질을 녹이는 순간에 찾아왔다. 권위의 차가운 얼굴은 흔히 두려움과 거리감을 주었지만, 구원은 그 얼굴에 인간의 온기를 새겨 넣었다.

    장터에 관리가 나타났다. 그는 세금을 거두고, 사람들에게 무거운 말을 던졌다. 모두가 고개를 숙이고 있었지만, 한 노파가 갑자기 쓰러졌다. 순간 관리의 얼굴이 굳어졌다. 그러나 그는 곧 노파를 부축해 일으켜 세우고, 자신의 물을 건넸다. 그 작은 행동은 법령보다 강한 울림을 주었다. 사람들은 처음으로 그에게서 '권위자'가 아닌 '한 인간'의 얼굴을 보았다. 그날 이후 장터 사람들의 기억 속에서 그의 권위는 두려움이 아니라 신뢰로 남았다.

    구원은 이렇게 권위를 녹였다.

    명령이나 규율로는 얻을 수 없는 진심이, 한순간의 연민과 공감 속에서 드러났다. 권위는 차갑게 서 있을 때는 멀어졌지만, 인간적인 얼굴을 보였을 때 비로소 공동체와 다시 이어졌다.

권위와 구원의 관계는 존재의 이중성을 보여준다. 권위는 제도를 지탱하는 힘이지만, 구원은 인간을 지탱하는 힘이다. 권위가 인간을 억압하는 순간, 구원은 그것을 녹여 내며 인간 본연의 얼굴을 드러낸다. 이 과정에서 사람들은 배웠다. 진정한 권위는 힘에서 나오지 않고, 타인의 고통에 응답하는 데서 비롯된다는 것을.

저잣거리는 이를 기억했다.

어떤 권위자는 자신의 자리를 지키기 위해 배신을 택했지만, 또 다른 권위자는 작은 구원을 통해 사람들의 마음을 얻었다. 장터에 남은 노래와 속담은 이렇게 말했다.

"힘은 두렵게 하지만, 구원은 함께 살게 한다."

구원은 권위를 녹여 인간의 얼굴을 드러냈다.

광대의 구원

;

광대로서 나의 임무는 웃음을 파는 일이었다. 그러나 어떤 날에는 웃음이 아니라 구원을 팔고 있다는 생각이 들었다. 사람들이 다투다가도 내가 북을 치며 우스꽝스러운 몸짓을 하면, 잠시 마음이 풀렸다. 그 순간은 작았지만, 누군가에겐 구원이 되었다.

광대는 저잣거리의 가장 낮은 자리에서 사람들과 함께 숨 쉬었다. 그는 화려한 옷도, 무거운 권위도 없었고, 손에 쥔 재물도 없었다. 오직 목소리와 몸짓, 그리고 익살스러운 표정만이 그의 전부였다. 그러나 그 가벼움 속에서 사람들은 구원을 보았다. 장터에 웃음이 피어날 때, 절망의 공기는 조금씩 옅어졌고, 무너진 어깨는 다시 일어섰다.

광대의 웃음은 단순한 재주가 아니었다.

그 웃음 속에는 슬픔을 이겨 내려는 오랜 몸부림이 스며 있었다. 그는 종종 자신의 배고픔을 감추고 익살을 부렸고, 깊은 상처를 웃음으로 덮었다. 하지만 사람들은 알았다. 그 웃음이야말로 저잣거리를 다시 이어 주는 힘이라는 것을. 웃음은 전염되었고, 그 전염 속에서 사람들은 서로의 얼굴을 다시 바라볼 수 있었다.

장터에 한 소년이 울고 있었다. 팔던 물건을 도둑맞아 절망한 얼굴이었다. 그때 광대가 다가와 우스꽝스럽게 넘어졌다. 사람들은 소리 내어 웃었고, 울던 소년도 웃음을 터뜨렸다. 잃어버린 물건이 돌아온 것은 아니었으나, 그의 마음은 조금은 가벼워졌다. 웃음이 가져온 구원은 물건보다도 값졌다.

광대의 구원은 '비극을 견디는 힘'이었다. 웃음은 비극을 지우지는 못했지만, 비극을 직시할 수 있게 했다. 웃음은 무거운 현실에 틈을 내어, 그 속에서 다시 숨을 쉴 공간을 마련해 주었다. 니체가 말한 "웃음은 가장 인간적인 행위"라는 말처럼, 웃음은 인간이 절망 속에서도 인간다움을 잃지 않게 하는 마지막 무기였다.

광대는 스스로를 대단한 구원자라 생각하지 않았다.

그는 단지 사람들의 눈앞에서 넘어지고, 기묘한 노래를 흥얼거리며, 가끔은 진지한 얼굴로 농담을 던졌다. 그러나 그 작은 행위가 장터의 공기를 바꾸었다. 누구도 웃음을 거부할 수 없었고, 웃음이 터지는 순간 사람들은 서로를 원망하던 마음을 잠시 내려놓았다.

그렇기에 나는 스스로 이렇게 믿었다.

"웃음은 가장 값없는 구원이자, 가장 오래가는 구원이다."

나는 스스로 그렇게 믿었다.

구원의 철학

;

    나는 장터를 걸으며 스스로에게 물었다. 구원이란 무엇인가? 그것은 신의 손길인가, 사람의 손길인가? 구원은 사람의 손길로 신이 오실 수 있는 길을 내는 것이다. 나는 이렇게 답했다.

    "구원은 먼 곳에서 오는 것이 아니라, 가까운 곳에서 서로를 붙잡는 순간에 있다."

    구원은 제도나 법이 아니라, 작은 행위였다. 한 숟가락의 나눔, 한 마디의 위로, 한 번의 웃음. 구원은 단순한 감정이나 우연한 사건이 아니었다.

    그것은 인간이 절망을 견디며, 다시 내일을 향해 나아갈 수 있도록 지탱하는 깊은 사유의 토대였다. 저잣거리의 소란 속에서 피어나는 작은 구원의 순간들은, 사실 모두 하나의 철학을 증언하고 있었다. 그것은 인간이 절망을 부정하는 방식이 아니라, 절망을 통과하여 다시 일어서게 만드는 원리였다.

    사람들은 구원을 거창하게 말하지 않았다.

    아이의 웃음, 여인의 손길, 나그네의 이야기, 상인의 정직한 거래, 광대의 웃음소리. 이 모두가 구원의 철학이었다. 그것은 저마다의 방식으로 인간이 절망을 넘어서 살아갈 수 있다는 사실을 알려 주었다.

    어느 날, 장터에서 친구의 배신으로 무너진 이가 있었다. 그는 누구와도 말을 섞지 않고 고개를 떨군 채 앉아 있었다. 그러나 곧 한 아이가 다가와 작은 꽃을 건네며 말했다.

"이거 예쁘죠?"

그 순간 그는 잠시 고개를 들었고, 아이의 웃음에 눈물이 번졌다. 구원은 법도, 권위도, 제도도 아니었다. 그것은 가장 단순한 행위 속에 숨어 있었다.

철학적으로 보자면, 구원의 본질은 '공존의 사유'였다. 인간은 혼자서는 살 수 없고, 절망 속에서 다시 일어나는 힘은 언제나 타인의 손길을 통해 온다. 구원은 스스로를 구하는 일이기도 하지만, 근본적으로는 타인이 건네는 빛을 받아들이는 일이었다. 이때 인간은 자신의 연약함을 인정하면서도, 동시에 타인과의 관계 속에서 새로운 강함을 발견한다.

저잣거리는 구원의 철학을 매일 기록했다.

장터의 돌바닥에 쓰러졌다가 다시 일어나는 사람들, 손을 맞잡고 짐을 나누는 모습, 노래와 속담으로 서로를 위로하는 목소리. 그것이야말로 삶을 버티게 하는 구원의 철학이었다.

사람들은 알았다. 구원은 기적처럼 하늘에서 떨어지는 것이 아니라, 인간이 서로를 붙잡아 일으켜 세울 때 드러나는 것임을. 구원의 철학은 언제나 삶의 한복판에서, 절망을 뚫고 나온 자리에서 증언되었다.

그것이 절망의 골짜기에서 사람을 다시 일으켰다.

철학적 사유

;

나는 북을 두드리며 사람들에게 외쳤다.

"사람들이여, 구원은 특별한 자의 것이 아니다. 우리 모두가 서로의 구원이 될 수 있다. 오늘 내가 그대를 일으키고, 내일은 그대가 나를 붙들어 주리라. 그것이 공동체의 힘이다."

사람들의 눈에 눈물이 고였다. 그러나 그 눈물은 절망의 눈물이 아니었다. 위로의 눈물이었고, 다짐의 눈물이었다. 구원은 늘 인간의 고통과 함께 찾아왔다.

저잣거리를 가득 메운 웃음과 노랫소리 뒤에는 언제나 눈물이 있었다. 눈물은 단순히 슬픔의 흔적이 아니었다. 그것은 인간이 절망을 직면하고도 여전히 살아가려는 증거였으며, 구원은 바로 그 눈물 속에서 피어났다.

사람들은 종종 구원을 기적이나 초월적 힘으로만 생각했다. 그러나 저잣거리가 보여준 것은 달랐다. 구원은 하늘에서 떨어진 불빛이 아니라, 땅 위에서 서로의 눈물을 닦아 주는 작은 손길이었다. 그 속에서 인간은 다시 일어섰고, 삶은 이어졌다.

장터 한복판에서 무너져 흐느끼던 이가 있었다. 모두가 외면한 듯했으나, 한 여인이 다가와 말없이 그의 손을 잡았다. 그 순간 눈물이 서로의 손등을 적셨다. 아무 말도 없었지만, 그 침묵이야말로 가장 큰 위로였다. 그는 다시 고개를 들었고, 주변 사람들도 조용히 고개를 끄덕였다. 구원은 눈물과 함께 피어났고, 그 눈물은 사람들을 하

저잣거리 말풍선

나로 묶었다.

구원은 인간의 상처와 불완전함을 전제로 한다. 상처가 없다면 치유도 없고, 눈물이 없다면 위로도 없다. 인간은 본래 불완전한 존재이기에, 서로의 눈물을 나눌 때만 비로소 구원이 가능하다. 이는 구원이 단순한 결과가 아니라, 인간 존재가 서로 기대며 살아가는 과정임을 보여준다.

저잣거리는 이 사실을 매일 증언했다. 배신과 절망이 장터를 흔들 때마다, 눈물 속에서 다시 일어서는 이들이 있었다. 그리고 그 순간마다 구원의 흔적이 남았다. 눈물은 고통을 말해 주었지만 동시에 새로운 시작의 씨앗이 되었다.

구원은 그렇게 눈물과 함께 피어났다.

결론 : 다시 일어서는 노래

;

해가 저물고 장터에 적막이 깃들 때, 사람들은 집으로 돌아가며 서로에게 인사를 건넸다.

"내일 보세."

"다시 만나세."

그 말은 단순한 인사가 아니라, 구원의 노래였다. 다시 만나고, 다시 살아내고, 다시 웃겠다는 다짐이었다.

나는 속으로 중얼거렸다.

"구원은 다시 일어서는 노래다. 우리가 서로를 붙잡는 한, 저잣거리는 무너지지 않는다."

그 말풍선이 허공에 떠올라, 별빛 속에서 장터를 비췄다. 구원은 늘 조용히 피어났다.

눈물이 흐르는 자리에서, 웃음이 되살아나는 순간에서, 그리고 절망의 그림자가 가장 짙게 드리운 때에조차 작은 불빛으로 깜박이며 존재했다. 그것은 언제나 요란한 기적이 아니라, 사람들 사이에서 서로를 부축하는 손길과 위로의 말, 함께 부르는 노래 속에서 드러났다.

저잣거리는 날마다 그 노래를 증언했다.

오늘 무너진 이가 있으면 내일은 다시 일어나는 이가 있었고, 오늘 배신으로 갈라진 이들이 내일은 다시 손을 맞잡았다. 구원은 반복되는 일상의 무게 속에서 끊임없이 되살아났고, 그 되살아남은 결국 공동체를 지탱하는 힘이 되었다.

저잣거리 말풍선

어둠이 내려앉은 장터 한복판에서 사람들이 작은 모닥불을 둘러싸고 있었다. 하루의 고단함에 지친 얼굴이었으나, 누군가 입을 열어 노래를 부르기 시작했다. 그 노래는 구슬펐지만 동시에 힘이 있었고, 이내 다른 이들이 따라 부르기 시작했다. 노래는 장터 위로 퍼져 나가, 무너졌던 마음들을 다시 일으켜 세웠다. 그 순간 사람들은 깨달았다. 구원이란 멀리 있는 것이 아니라, 함께 부르는 이 노래 속에 있다는 것을.

구원은 인간의 조건 속에서 피어난다. 인간은 늘 쓰러질 수밖에 없는 존재지만, 동시에 다시 일어설 수 있는 존재이기도 하다. 구원은 절망을 지워 버리는 것이 아니라, 절망을 안고도 살아가게 하는 힘이었다. 눈물 속에서 피어나고, 웃음 속에서 자라며, 공동체의 삶 속에서 하나의 등불로 켜졌다.

그리하여 저잣거리는 배웠다. 구원은 개인의 것이 아니라 공동의 것이며, 혼자가 아니라 함께 만들어 가는 힘이라는 것을. 그 힘은 결국 모두를 내일로 이끌었다.

사람들은 그 빛을 따라 내일로 걸어갔다.

말풍선 요약 메모

- 구원은 멀리 있는 신의 손길이 아니라, 가까운 이의 작은 행위.
- 아이·여인·상인·나그네·권위·광대의 구원 행위들.
- 구원은 웃음과 눈물, 나눔과 증언 속에서 피어남.
- 철학적 사유 : 구원은 공동체의 힘, 서로를 붙잡는 순간에 존재.
- ▶▶ 구원은 다시 일어서는 노래, 저잣거리를 내일로 이끄는 힘.

13장

미래의 시장 - 내일로 이어지는 소리

내일을 향한 장터

;

저잣거리는 늘 현재의 소란으로 가득했지만, 그 안에는 언제나 내일을 향한 숨결이 숨어 있었다. 오늘의 흥정은 오늘에 끝나는 듯 보였으나, 사실은 내일의 삶을 준비하는 씨앗이었다. 아이들의 웃음, 여인들의 노래, 상인들의 흥정, 나그네의 증언, 이 모두가 저잣거리를 내일로 이어 주는 다리였다.

나는 광대로서 느꼈다. 내가 오늘 북을 두드리며 흘린 웃음이 허공에서 사라지지 않고, 내일의 희망을 불러오는 울림이 된다는 것을. 북소리는 단순한 소리가 아니었다. 그것은 사람들을 불러 모으고, 흩어진 마음을 한곳에 모아 세상을 다시 움직이게 하는 힘이었다. 장터에 모여든 사람들은 물건을 사고파는 것처럼 보였지만, 그 속에서 나누어지는 것은 사실 내일을 살아가겠다는 약속이었고, 그 약속을 엮어 주는 끈이 바로 웃음과 울림이었다.

내일의 장터는 오늘의 장터 위에 세워진다. 한 아이가 깔깔 웃으며 달려가면, 그 웃음은 장터에 희망의 씨앗을 뿌린다. 한 노인이 툭 던진 해학 어린 한 마디는 내일을 살아갈 지혜로 전해진다. 여인의 눈물이 흘러내린 자리에서 또 다른 꽃이 피어나고, 상인의 땀방울이 떨어진 곳에서 내일의 길이 열린다.

그래서 장터의 하루는 결코 단절되지 않는다. 오늘의 소리가 내일의 울림이 되고, 오늘의 눈물이 내일의 강물이 되며, 오늘의 웃음이 내일의 등불이 된다.

나는 늘 궁금했다. 시장의 소리들이 과연 어디로 흘러가는가? 북소리, 흥정 소리, 아이들의 울음, 광대의 재담이 뒤섞인 그 소리의 파도는 결국 허공으로 사라지는 것처럼 보인다. 그러나 사라지지 않는다. 그것은 사람들의 가슴에 스며들어 내일의 발걸음을 내딛게 한다. 피곤한 몸을 이끌고도 다시 장터에 나올 수 있게 하는 힘, 빈손으로 돌아가면서도 내일 다시 손에 짐을 지게 만드는 힘, 그것이 바로 장터의 소리였다.

내일을 향한 장터는 단순히 경제의 공간이 아니었다. 그것은 희망의 훈련장이었다. 사람들은 장터에서 좌절을 경험하고도 다시 일어서는 법을 배웠다. 장터의 농담 속에서 고단함을 잊고, 장터의 북소리 속에서 다시 힘을 냈다. 그것은 삶을 포기하지 않게 하는 공동의 약속이었고, '내일'이라는 단어를 가능하게 만드는 힘이었다.

나는 광대로서 그것을 누구보다 가까이에서 보았다. 내가 웃음을 터뜨리면, 누군가는 그 웃음에 기대어 잠시 자신의 고통을 잊었다. 내가 북을 두드리면, 또 다른 누군가는 그 리듬에 맞춰 다시 발걸음을 옮겼다. 웃음과 북소리, 그리고 사람들의 숨결이 모여 하나의 거대한 파도가 되었고, 그 파도는 시장을 넘어 세상을 움직였다.

내일의 장터는 아직 오지 않았지만, 이미 오늘 속에서 태어나고 있었다. 오늘의 울음과 웃음, 오늘의 거래와 손짓, 오늘의 이야기와 침묵이 모여 내일의 소리가 된다. 그리고 나는 알았다. 그 소리는 결코 사라지지 않는다는 것을. 장터의 흙바닥에 스며든 울음과 웃음이 내일을 적시고, 다시 살아갈 용기를 불러온다는 것을.

그래서 나는 오늘도 북을 두드린다. 사람들의 얼굴에 웃음을 심고, 마음속에 희망을 심는다. 내일의 장터는 거창한 미래의 약속 속에 있는 것이 아니라, 바로 지금 우리가 만들어 내는 소리와 몸짓 속에 있다. 내가 흘린 웃음과 울음, 내가 울린 북소리는 내일의 누군가에게 힘이 될 것이다.

내일을 향한 장터, 그것은 단순히 시간의 흐름이 아니다. 그것은 인간이 서로를 지켜내는 방식이며, 삶을 이어 가는 가장 오래된 기술이었다. 내일의 장터는 오늘의 장터가 남긴 흔적 위에 피어나며, 그 속에서 사람들은 또다시 웃고, 또다시 울며, 또다시 살아간다.

"저잣거리는 오늘의 자리지만, 본질적으로는 내일을 향한 무대다."

아이들의 내일

;

아이들은 장터의 미래였다. 그들의 놀이와 웃음은 단순한 소란이 아니라, 내일을 준비하는 예행 연습이었다. 돌멩이를 차며 부르는 노래, 장난 속에서 배우는 협동과 다툼, 그것이 곧 내일의 사회였다.

아이 : "광대야, 내일은 더 크게 웃어 줄 거지?"

나 : "그럼, 내일은 오늘보다 더 환하게 웃어 주마."

아이들의 눈빛은 미래 그 자체였다. 장터는 그들의 놀이터이자 학교였고, 내일의 희망은 그들의 웃음에서 시작되었다. 아이들은 장터의 소음을 가장 자유롭게 누비며 달리고, 가장 천진하게 소리치며, 가장 아무렇지 않게 웃음을 터뜨렸다. 그들의 웃음은 흙바닥 위에서 튀어오르는 햇살 같았고, 장터의 무거운 공기를 바꾸는 바람 같았다. 어른들의 눈에는 내일이 불안하고, 어제의 무게가 너무 무겁게만 느껴졌지만, 아이들은 늘 웃음으로 내일을 열어젖혔다.

아이들의 웃음은 단순한 즐거움이 아니었다. 그것은 고단한 삶을 지켜보면서도 결코 무너지지 않겠다는 선언이었다. 가난한 살림에도, 낡은 옷을 입고서도, 아이들은 서로 장난을 치며 깔깔 웃었다. 그것은 삶을 비웃는 웃음이 아니라, 삶을 끝내 긍정하는 웃음이었다. 그 웃음 소리는 장터 구석구석을 메워 어른들의 굳은 표정을 풀어 냈다. 장터의 광대가 북을 두드리며 희망을 노래한다면, 아이들은 그 노래를 이어받아 몸으로 뛰어다니며 웃음으로 화답했다.

아이들은 장터의 내일이었고, 웃음은 그들의 언어였다. 언어가 필요

없을 때조차 웃음은 가장 빠른 전달 방식이었다. 아이들이 함께 어울려 놀다가 터뜨린 웃음소리는 순식간에 다른 아이들의 웃음으로 이어졌다. 그것은 마치 번지는 불꽃 같았고, 퍼져 나가는 강물 같았다. 웃음이 번질 때마다 장터는 잠시 무거운 현실에서 벗어나, 내일을 꿈꾸는 공간이 되었다.

어른들은 아이들의 웃음을 보며, 비록 오늘은 힘들어도 내일은 다를 수 있으리라는 믿음을 되찾았다. 장터에서 힘겹게 물건을 팔던 상인도, 허기진 배를 부여잡고 있던 행상도, 아이들의 웃음에 이끌려 잠시 얼굴에 미소를 머금었다. 아이들의 웃음은 어른들에게서 희망을 불러오는 마중물이었고, 무거운 삶을 견디게 만드는 비밀스러운 힘이었다.

그러나 아이들의 웃음은 단순히 천진난만함만으로 유지되지 않았다. 그 웃음 뒤에는 어머니의 눈물, 아버지의 땀, 공동체의 희생이 숨어 있었다. 아이들이 내일을 웃을 수 있도록 하기 위해, 어른들은 오늘의 고단함을 기꺼이 감내했다. 그러므로 아이들의 웃음은 공동체 전체가 지켜낸 열매였다. 한 아이의 웃음은 단지 그 아이의 것이 아니라, 가족과 이웃과 장터 전체가 만들어 낸 기적이었다.

나는 광대로서 아이들의 웃음을 가장 소중히 여겼다. 내 재담에 제일 먼저 반응하는 것은 늘 아이들이었다. 그들의 깔깔대는 웃음은 내 연기를 힘 있게 만들었고, 내 북소리를 더 크게 울리게 했다. 아이들의 웃음은 관객석이 아니라 무대 그 자체였다. 그들이 웃을 때 장터는 하나의 거대한 연극 무대가 되었고, 모두가 배우가 되었다. 아이들이 웃는 동안만큼은 삶의 고통도, 권력의 억압도, 가난의 무게도 잠시 사라졌다.

내일의 희망은 그렇게 이어졌다. 아이들은 오늘의 장터에서 웃으며 놀았지만, 그 웃음은 내일의 삶을 준비하는 힘이었다. 아이들의 웃음

저잣거리 말풍선

이 사라지지 않는 한, 공동체는 무너지지 않았다. 웃음은 아이들에게서 시작되어 어른들에게 전해지고, 다시 내일로 이어졌다.

그래서 나는 알았다. 내일을 향한 희망은 거창한 구호나 권력자의 약속에서 나오지 않는다. 그것은 아이들의 작은 웃음에서 시작된다. 그 웃음은 장터의 흙바닥 위에서 피어나는 꽃과 같고, 어둠 속에서 흔들리는 등불과 같았다. 아이들의 웃음이 꺼지지 않는 한, 내일은 반드시 온다.

여인들은 내일을 준비하는 손이었다. 오늘 쌀을 아끼고, 천 조각을 덧대어 내일의 옷을 만들었다. 여인들의 노동은 단순한 집안일이 아니라, 미래를 기워 내는 작업이었다.

여인 : "오늘의 한숨이 내일의 웃음을 만든다."

그들의 말풍선은 짧지만 단단했다. 여인들의 내일은 아이들의 내일과 겹쳐 있었고, 그 겹침 속에서 공동체는 이어졌다.

상인들의 내일

;

상인들에게 내일은 장부에 적혀 있었다. 오늘 장사가 잘되든 망하든, 내일을 향한 계산이 있었다. 상인들은 오늘의 손해를 내일의 이익으로 돌릴 희망을 품었고, 오늘의 이익을 내일의 밑천으로 삼았다.

나는 한 상인의 장부에서 이런 글귀를 본 적이 있다.

상인의 언어는 차갑고 계산적이었지만, 그 밑바닥에는 내일을 버티려는 치열한 의지가 숨어 있었다. 상인들의 얼굴에는 늘 피곤함이 묻어 있었고, 그들의 손바닥은 굳은살로 덮여 있었다. 장터의 소음 속에서 들리는 상인들의 목소리는 단순히 물건을 팔기 위한 호객의 외침이 아니라, 내일을 붙잡으려는 생존의 몸부림이었다. 흥정은 곧 삶의 협상이고, 가격은 단순한 숫자가 아니라 하루를 버티게 할 수 있는 최소한의 보루였다.

상인들은 장터의 새벽을 누구보다 먼저 맞았다. 아직 어둠이 가시지 않은 시간, 그들은 물건을 지고 장터로 향했다. 바람에 실린 냄새와 먼지, 발밑의 거친 흙길은 그들의 일상이었다. 팔리지 않은 물건이 쌓일 때마다 마음이 무너졌지만, 그럼에도 다음 날 또다시 짐을 꾸려 나올 수밖에 없었다. 왜냐하면 내일을 버티기 위해서는 오늘의 장터를 거치지 않고서는 안 되었기 때문이다.

장터는 단순한 거래의 공간이 아니었다. 그것은 상인들에게 내일을 연습하는 무대였다. 오늘의 실패는 내일을 더 단단하게 만들었고, 오늘의 손해는 내일을 더 절실하게 만들었다. 상인들의 흥정 속에는 치

　　　　　　　　　　　　　저잣거리 말풍선

열한 생존의 감각이 깔려 있었지만, 동시에 묘한 유머와 해학이 묻어났다. 웃음과 농담으로 거래를 이어 가는 그들의 모습은, 고단한 삶을 이겨내려는 인간적 지혜였다.

상인들의 눈빛은 언제나 날카로웠다. 그러나 그 날카로움의 밑바닥에는 절망이 아니라 희망이 있었다. 장터에서 물건을 내놓는다는 것은 단순히 돈을 벌기 위함이 아니라, 내일을 위한 씨앗을 뿌리는 일이었다. 비록 오늘은 팔리지 않아 손해를 보더라도, 내일은 반드시 팔릴 것이라는 믿음이 그들을 지탱했다. 상인들의 손에서 내일은 늘 준비되고 있었고, 그들의 의지는 장터의 흙바닥에 깊숙이 박혀 있었다.

어떤 상인은 흥정을 하며 억척스럽게 웃음을 지었고, 또 다른 상인은 물건을 팔지 못해 눈시울을 붉혔다. 그러나 그 모든 감정의 흐름은 결국 내일을 향한 동일한 열망으로 이어졌다. 상인들의 웃음은 장터의 활기를 만들었고, 그들의 눈물은 장터의 진실을 드러냈다. 웃음과 눈물이 교차하는 그 자리에서, 상인들은 오늘을 넘어 내일을 견디는 법을 배웠다.

나는 광대로서 그 모습을 곁에서 지켜보았다. 내 북소리에 발걸음을 멈춘 손님은 잠시 흥정의 긴장을 풀었고, 내 농담에 웃음을 터뜨린 상인은 그 틈에 더 힘을 낼 수 있었다. 상인들은 누구보다 현실적이었지만, 그 현실을 버티게 하는 힘은 웃음 속에서 비롯되었다. 웃음은 거래를 이어 가게 했고, 농담은 고단한 하루를 견디게 했다. 상인들의 내일은 그렇게 오늘의 소음 속에서 차곡차곡 쌓이고 있었다.

내일의 시장은 상인들의 의지 위에 세워졌다. 그들의 손길 하나, 발걸음 하나가 장터의 내일을 만들었고, 공동체의 내일을 지탱했다. 상인들이 없다면 장터는 텅 빈 공간이었을 것이다. 물건을 내놓고 흥정을 이어 가는 그들의 땀방울이 바로 시장의 심장이었다. 그 심장이 뛰는 한, 장터는 사라지지 않았고, 내일은 이어졌다.

그 밑바닥에 숨어 있던 치열한 의지는 결국 희망이었다. 상인들의 내일은 오늘을 버티는 힘에서 태어났다. 내일을 향한 그들의 발걸음은 결코 화려하지 않았지만, 누구보다도 단단하고 묵묵했다. 장터의 소음 속에서 상인들의 목소리는 희미하게 들렸지만, 그것이야말로 내일을 이어 가는 가장 확실한 울림이었다.

저잣거리 말풍선

나그네의 내일

;

    길 위를 떠도는 나그네에게 내일은 곧 길 그 자체였다. 그는 오늘 장터에 머물지만, 내일은 또 다른 마을로 떠났다. 그러나 그의 증언은 장터 사람들의 내일에 남았다. 전쟁의 경고, 흉년의 소식, 그리고 희망의 노래, 이 모든 것들은 사람들에게 내일을 준비하게 했다.

    나그네 : "내일은 어디로 이어질지 모른다. 그러나 길은 언제나 열린다."

    나그네의 말풍선은 내일의 지도였다. 길 위를 떠돌던 나그네는 장터에서 잠시 발걸음을 멈추고, 이야기와 소리를 남겼다. 그는 오늘을 살아내는 상인도, 아이도, 광대도 아니었다. 그러나 그의 입술에서 흘러나온 말들은 내일을 꿈꾸게 하는 또 다른 힘이었다. 나그네의 말풍선은 장터 사람들에게 새로운 세상을 가리키는 나침반이 되었고, 아직 오지 않은 미래의 길을 미리 그려 내는 지도가 되었다.

    나그네는 장터를 스쳐 지나가며 많은 것을 보았다. 그는 먼 고을에서 들려온 소식을 전했고, 아직 만나지 못한 사람들의 안부를 전했다. 때로는 전쟁터의 참상을 이야기했고, 때로는 새로운 땅에서 열린 풍요의 소식을 전하기도 했다. 그의 이야기는 단순한 소문이 아니라, 내일을 향한 상상력을 자극하는 불씨였다. 사람들은 그의 말 속에서 자신이 가지 못한 길을 걸었고, 그의 눈빛 속에서 아직 오지 않은 시간을 보았다.

    나그네의 말풍선은 공허한 메아리가 아니었다. 그것은 오늘을 견디게 하는 약속이자, 내일을 향한 지도의 조각이었다. 그가 흘린 말 한 마디는 아이들에게는 모험의 꿈이 되었고, 상인들에게는 새로운 장터로 향하는 길잡이가 되었으며, 여인들에게는 기다림을 이어 가게 하는 위로가 되었다. 말풍선은 허공에 흩어지는 듯했지만, 사람들의 마음에 내려앉아 내일의 지도를 그려 주었다.

나는 광대로서 그 옆에서 자주 귀를 기울였다. 나그네의 이야기는 내 재담과 달랐다. 나의 웃음이 오늘을 버티게 했다면, 그의 말풍선은 내일을 바라보게 했다. 내 북소리가 장터의 현재를 흔들었다면, 그의 목소리는 장터의 경계를 넘어 먼 곳을 울렸다. 우리는 서로 달랐지만, 결국 같은 일을 하고 있었다. 나는 웃음으로 오늘을 이어 주었고, 그는 이야기로 내일을 그려 주었다.

나그네의 내일은 끝없는 길 위에서 태어났다. 그는 길 위에서 본 세상의 부조리를 말풍선에 담았고, 길 위에서 만난 사람들의 희망을 바람처럼 전했다. 그의 말풍선은 단순한 개인의 목소리가 아니었다. 그것은 시대의 고통을 증언하는 목소리였고, 동시에 내일의 방향을 가리키는 예언자의 목소리였다. 장터 사람들은 그의 말 속에서 자신들의 내일을 읽었다.

내일의 장터는 나그네의 말풍선이 지도를 그려 준 덕분에 존재할 수 있었다. 상인들은 새로운 길을 찾아 물건을 팔러 나갔고, 아이들은 새로운 세상에 대한 호기심을 품었다. 여인들은 낯선 이의 말에서 위로를 얻었고, 노인들은 그 말 속에서 지나간 세월을 반추했다. 나그네는 길 위의 사람이었지만, 동시에 모든 사람의 내일을 잇는 다리였다.

그의 말풍선은 단순히 현재를 묘사하는 도구가 아니었다. 그것은 아직 오지 않은 미래를 상상하게 하는 창이었다. 사람들은 그의 입술에서 흘러나온 소리를 따라 보이지 않는 길을 그렸다. 그리고 그 길은 언젠가 현실이 되었다. 나그네의 내일은 결국 모두의 내일이었다.

나그네의 말풍선은 내일의 지도였다. 오늘의 장터에서 허공에 떠오른 말풍선은 이내 사람들의 마음속에 내려앉아 내일을 가리켰다. 길 위의 사람은 떠나갔지만, 그의 말은 남았다. 그리고 그 말은 여전히 우리를 내일로 이끌고 있다.

권위의 내일

;

    권위자에게 내일은 통치의 연장이었다. 그들은 새로운 세금을 준비했고, 더 강한 규율을 세우려 했다. 그러나 아이러니하게도, 권위의 내일도 민중의 내일 없이는 존재할 수 없었다. 민중이 살아야 세금도, 규율도 의미가 있었다.

    아전 : "내일은 더 많은 세금을 거둬야 한다."

    민중 : "내일은 더 많은 웃음을 지어야 산다."

    권위의 내일과 민중의 내일은 늘 충돌했지만, 결국 민중의 내일이 더 길었다.

    왜냐하면 권위는 바뀌었지만, 민중은 계속 이어졌기 때문이다. 역사의 장터를 지켜본 사람이라면 누구나 알 수 있었다. 권위는 늘 화려하게 등장했지만, 결국 사라졌다. 왕조가 바뀌고, 관직의 이름이 달라지고, 힘의 주인이 교체되었지만, 장터에서 흘러나오는 민중의 목소리만큼은 변하지 않았다. 권위의 내일은 언제나 불안정했으나, 민중의 내일은 웃음과 눈물, 땀과 숨결로 이어졌다.

    권위는 거대한 성곽을 세우고 자신을 지키려 했지만, 그 성벽 바깥에서 장터는 늘 살아 움직였다. 장터의 상인과 광대, 아이들과 나그네는 성곽의 명령에 크게 흔들리지 않았다. 권위는 바뀌어도 장터는 다시 열렸고, 민중은 다시 물건을 펼쳤다. 통치자는 바뀌었지만, 민중의 목소리는 끊기지 않았다. 권위의 내일은 흔들리더라도 민중의 내일은 흔들리지 않았다.

나는 광대로서 그 사실을 누구보다 생생히 목격했다. 권위자가 장터에 나타나면, 잠시 장터는 긴장했다. 그러나 그 긴장은 오래가지 않았다. 사람들은 다시 흥정을 시작했고, 아이들은 다시 웃었으며, 나는 다시 북을 두드렸다. 권위의 발걸음은 장터의 리듬을 바꾸지 못했다. 민중의 일상과 웃음은 권위보다 더 깊이 뿌리내린 것이었다.

권위는 종종 웃음을 두려워했다. 웃음은 그들의 얼굴을 희화화했고, 권위를 바닥으로 끌어내렸다. 그러나 민중은 웃음을 멈추지 않았다. 권위는 사라져도 웃음은 남았고, 권위의 내일은 불확실했지만 웃음의 내일은 민중의 가슴 속에서 이어졌다. 웃음은 권위를 무너뜨리는 무기이자, 민중을 지켜내는 방패였다.

권위의 내일은 늘 새로운 얼굴로 다가왔다. 어떤 이는 황제의 이름으로, 어떤 이는 총독의 이름으로, 또 어떤 이는 권력자의 얼굴로 장터를 지배하려 했다. 그러나 그 얼굴들은 하나같이 시간 속에서 사라졌다. 반면, 민중의 내일은 꾸준히 이어졌다. 장터에 모여드는 사람들, 물건을 사고파는 손길, 웃음을 나누고 눈물을 흘리는 순간들 속에 민중의 내일은 항상 살아 있었다.

나는 종종 생각했다. 권위의 내일은 왜 그토록 짧고 불안한가? 그 이유는 권위가 민중의 삶 속에서 자라난 것이 아니라, 민중의 위에 억지로 세워졌기 때문이다. 억지로 세워진 권위는 언제나 무너졌고, 민중의 삶 위에서 자라난 웃음과 눈물은 언제나 남았다. 결국 내일을 지탱하는 힘은 권위가 아니라 민중이었다.

민중은 권위가 바뀔 때마다 새로운 이름을 배웠다. 그러나 그 이름들은 민중의 노래 속에서 희화화되었고, 민중의 이야기 속에서 풍자되었다. 권위는 무거운 이름으로 남고 싶어 했지만, 민중은 웃음을 통해 그 이름을 가볍게 만들었다. 웃음은 권위를 무력화시켰고, 눈물은 권위의 폭력을 씻어 냈다. 민중은 권위를 두려워하지 않았고, 권위의 내일은 민중의 장터 안에서 녹아 사라졌다.

그래서 나는 알았다. 진정한 내일은 권위의 것이 아니었다. 권위는 언젠가 무너지고, 이름은 잊히고, 얼굴은 지워지지만, 민중은 남는다. 아이들의 웃음, 여인들의 눈물, 상인들의 땀, 나그네의 이야기, 광대의 북소리 속에서 내일은 이어졌다. 권위의 내일은 짧았으나, 민중의 내일은 길고 넓었다.

결국 내일을 지탱하는 것은 권력이 아니라 삶 그 자체였다. 권위는 바뀌었지만, 민중은 계속 이어졌기 때문이다.

광대의 내일

;

  광대인 나의 내일은 웃음에 달려 있었다. 오늘 웃음을 주지 못하면 내일 장터에 설 수 없었다. 그러나 내일을 향한 두려움보다는 설렘이 더 컸다. 왜냐하면 웃음은 오늘에 갇히지 않고, 내일로 번져 갔기 때문이다.

  "광대의 내일은 사람들의 웃음 속에 있다."

  나는 내일도 북을 두드리며 장터를 돌 것이다. 그것이 내 사명이고, 장터가 이어지는 방식이었다. 광대의 목소리와 북소리는 단순한 오락이 아니었다. 그것은 하루하루를 버티는 민중의 심장을 다시 뛰게 하는 울림이었고, 내일로 이어지는 다리였다. 장터의 광대는 늘 우스꽝스러운 몸짓으로 웃음을 터뜨렸지만, 그 웃음 속에는 내일을 꿈꾸게 하는 힘이 숨어 있었다. 광대가 존재한다는 것은 장터가 살아 있다는 증거였고, 장터가 살아 있다는 것은 민중이 내일을 버틸 수 있다는 의미였다.

  광대의 내일은 무대가 따로 있지 않았다. 흙바닥 위, 좌판 옆, 시장의 소란 속 어디서든 그의 무대가 되었다. 상인이 물건을 팔지 못해 한숨을 쉴 때, 광대는 재담으로 그 얼굴을 풀어 주었다. 아이들이 울음을 터뜨리면 우스꽝스러운 표정으로 웃음을 되찾아 주었다. 여인들이 짐을 내려놓고 땀을 닦을 때, 광대의 북소리는 그들의 귀에 작은 위로가 되었다. 이렇게 광대의 하루는 장터 사람들의 고단한 삶 속에서 끊임없이 내일을 심어 주는 과정이었다.

광대는 권위에 기대지 않았다. 오히려 권위를 풍자했고, 권력을 희화화했다. 그로 인해 때로는 위협을 받았지만, 민중은 그 웃음을 통해 억눌린 숨을 돌릴 수 있었다. 광대의 내일은 위험과 자유가 공존하는 자리였다. 그는 오늘을 웃음으로 버티게 했고, 내일을 꿈꾸게 만들었다.

나는 광대였고, 동시에 목격자였다. 장터의 웃음이 어떻게 퍼져 나가는지, 그 웃음이 어떻게 사람들을 일으켜 세우는지 나는 매일 보았다. 나의 내일은 화려한 영광이 아니었고, 부귀가 약속된 길도 아니었다. 그러나 내가 오늘 울린 북소리가 내일도 사람들의 기억 속에 남아 다시 장터를 열리게 한다는 사실은 나를 버티게 했다.

광대의 내일은 덧없는 웃음 속에서 태어났다. 웃음은 허공에 흩어지는 것 같지만, 그 울림은 사람들의 마음속에 오래 남는다. 오늘의 장터에서 터진 웃음은 내일의 장터를 불러오는 힘이었다. 그래서 광대의 내일은 허무하지 않았다. 비록 내 이름은 기록되지 않고, 내 모습은 금세 잊히겠지만, 웃음의 울림은 남아 장터를 이어 갔다.

결국 광대의 내일은 장터가 이어지는 방식이었다. 웃음이 이어지고, 북소리가 이어지고, 농담이 이어져 사람들의 삶을 지탱했다. 광대는 개인이 아니라 흐름이었다. 오늘의 나는 사라져도, 내일의 광대는 또 다른 얼굴로 나타나 장터를 웃음으로 채울 것이다. 장터는 그렇게 이어지고, 광대의 내일은 그 속에서 늘 다시 태어난다.

철학적 사유

;

나는 스스로에게 물었다. 미래란 무엇인가? 아직 오지 않은 시간일 뿐인가, 아니면 이미 오늘 속에 숨어 있는가? 나는 이렇게 대답했다.

"미래는 오늘 속에 심긴 씨앗이다. 우리가 웃고 울며 흩뿌리는 말풍선 속에 내일은 이미 자란다."

저잣거리는 내일을 기다리는 자리가 아니라, 내일을 준비하는 자리였다. 기다림은 수동적이지만, 준비는 능동적이다. 저잣거리에서 흘러나오는 소리와 몸짓, 웃음과 눈물은 단순히 하루를 흘려보내는 흔적이 아니었다. 그것은 내일을 살아내기 위한 훈련이었고, 더 나은 세상을 향한 실천이었다.

저잣거리에 모인 사람들은 모두 오늘을 넘어 내일을 생각하고 있었다. 상인은 오늘의 거래를 통해 내일의 삶을 이어 가고 있었고, 여인은 오늘의 눈물로 내일의 희망을 키우고 있었다. 아이들은 오늘의 웃음으로 내일의 노래를 준비했고, 광대는 오늘의 농담으로 내일의 용기를 심었다. 심지어 스쳐 지나가는 나그네조차 오늘의 이야기를 던지며 내일의 길을 그려 주었다. 저잣거리는 곧 인간 전체가 내일을 실험하는 철학의 장이었다.

내일을 준비한다는 것은 단순히 시간이 지나기를 기다리는 것이 아니다. 그것은 매 순간의 선택과 몸짓 속에서 이루어졌다. 장터에서 흥정을 이어 가는 행위 하나에도 내일이 걸려 있었고, 아이들이 흙바닥에서 깔깔 웃는 순간에도 내일이 움트고 있었다. 웃음은 내일의 씨앗이었고, 눈물은 내일의 강물이었으며, 땀방울은 내일의 토양이었다. 그 모든 것이 모여 저잣거리라는 풍경을 만들었고, 그 풍경은 늘 내일을 준비하고 있었다.

철학적 사유는 거창한 강단에서만 태어나는 것이 아니었다. 오히려 저잣거리야말로 삶의 철학이 가장 생생히 드러나는 자리였다. 철학은 "어떻게 살아야 하는가?"라는 질문에서 시작된다. 저잣거리의 사람들은 그 질문을 학문적 언어로 표현하지 않았지만, 몸으로 답을 내고 있었다. 상인은 어떻게든 물건을 팔아 가정을 지켜야 했고, 여인은 어떻게든 아이를 살려내야 했다. 그들의 땀과 눈물 속에는 삶에 대한 치열한 사유가 담겨 있었다.

나는 광대로서 그 한가운데 서 있었다. 내가 던진 농담 하나, 두드린 북소리 하나는 단순한 흥이 아니었다. 그것은 오늘을 견디는 동시에 내일을 준비하는 행위였다. 내가 흘린 웃음은 허공으로 사라지는 듯했지만, 그것을 들은 누군가의 마음속에서 내일을 살아낼 용기로 남았다. 광대의 농담은 철학자가 남긴 문장 못지않게 사람들을 일으켜 세웠다.

저잣거리는 철학의 교실이었다. 사람들은 그곳에서 절망 속에서도 웃는 법을 배우고, 억압 속에서도 자유를 상상하는 법을 배웠다. 또한, 실패 속에서도 다시 일어서는 법을 익혔다. 철학은 추상적 개념이 아니라 살아가는 기술이었고, 저잣거리야말로 그 기술이 매일 반복되는 자리였다.

그래서 저잣거리는 내일을 기다리는 자리가 아니었다. 그것은 내일을 준비하는 자리였다. 민중은 웃음과 눈물, 땀과 숨결을 통해 늘 내일을 지었다. 권위는 바뀌고 시대는 변했지만, 저잣거리의 사람들은 오늘 속에서 내일을 길러 냈다. 그 철학적 사유가 있었기에 장터는 이어졌고, 사람들은 무너지지 않았다.

내일로 이어지는 소리

;

해가 저물고 장터가 고요해질 때, 나는 낮에 흘러나온 말풍선들이 허공에 떠 있는 것을 보았다. 그 말풍선들은 오늘의 것이 아니라, 내일의 씨앗이었다. 아이들이 그 씨앗을 받아 내일의 웃음을 피울 것이고, 여인들이 그것을 기워 내며 내일의 옷을 만들 것이며, 상인들이 그것을 계산 속에 새겨 내일을 준비할 것이었다.

나는 속으로 중얼거렸다.

"저잣거리는 미래의 시장이다. 오늘의 소리가 내일을 불러오고, 내일의 소리가 다시 오늘을 살린다."

그 말풍선이 달빛 속에서 반짝이며 저잣거리의 하늘로 퍼져 나갔다.

저잣거리는 언제나 오늘의 삶을 품으면서도 내일을 향해 울림을 던지는 자리였다. 하루의 고단함은 저잣거리에서 풀어졌고, 그 속에서 웃음과 눈물이 뒤섞여 새로운 힘으로 변했다. 상인의 흥정 소리, 아이들의 웃음소리, 여인의 한숨, 나그네의 이야기, 그리고 광대의 북소리까지 모든 소리가 허공에 흩어지는 듯 보였지만, 결코 사라지지 않았다. 그것들은 모여 하나의 큰 말풍선을 이루었고, 그 말풍선은 내일을 향한 노래로 남았다.

저잣거리의 소리는 단순한 소음이 아니었다. 그것은 사람들의 꿈과 희망이 담긴 울림이었다. 사람들은 물건을 사고팔면서 단지 생계를 이어 간 것이 아니라, 내일을 위한 작은 약속을 서로 주고받았다. 웃음은 내일의 씨앗이 되었고, 눈물은 내일의 강물이 되었으며, 흙바닥에 흘린 땀은 내일의 토양이 되었다. 그렇게 저잣거리는 늘 내일을 준비하는 소리로 가득했다.

광대인 나는 그 한가운데서 깨달았다. 내가 두드린 북소리, 내가 던진 농담은 허공으로 사라진 것이 아니었다. 그것은 사람들의 마음에 스며들어 내일의 발걸음을 내딛게 하는 힘이 되었다. 오늘의 웃음이 내일의 희망을 불러온다는 사실, 그것이 내가 광대로서 배운 가장 큰 철학이었다.

저잣거리는 권위의 명령에도 흔들리지 않았다. 왕조가 바뀌고 권력자가 교체되어도, 사람들의 소리와 웃음은 이어졌다. 권위의 내일은 불안정했지만, 민중의 내일은 끊어지지 않았다. 소리가 있는 곳에 삶이 있었고, 삶이 있는 곳에 내일은 존재했다.

밤이 깊어가도 저잣거리의 소리는 멈추지 않았다. 불빛이 꺼진 후에도, 장터에 남은 여운은 사람들의 가슴 속에서 이어졌다. 그것은 단순한 하루의 기록이 아니라, 내일을 이어 가는 약속이었다. 장터에서 터져 나온 웃음과 울음, 노래와 대화는 하늘로 올라가 별빛처럼 흩어졌다가, 다시 사람들의 꿈 속으로 내려왔다.

그리고 나는 보았다. 그 말풍선이 달빛 속에서 반짝이며 저잣거리의 하늘로 퍼져 나갔다. 그것은 오늘을 살아낸 증거이자, 내일을 살아가게 하는 희망의 울림이었다.

말풍선 요약 메모

- 저잣거리는 본질적으로 '내일을 향한 무대'.
- 미래는 오늘 속에 심긴 씨앗.
- 철학적 사유 : 미래는 기다리는 것이 아니라 준비하는 것.
▶▶ 저잣거리는 미래의 시장, 내일로 이어지는 소리의 무대.

저잣거리 말풍선

에필로그

저잣거리는 지금도 열린다

저잣거리는 과거의 풍경이 아니다.

오늘의 거리, 오늘의 광장, 오늘의 온라인 공간에도 여전히 저잣거리는 살아 있다. 사람들은 여전히 모이고, 말풍선을 띄우며, 웃고, 울고, 다투고, 화해한다. 권위와 민중의 대립도, 희망과 절망의 교차도, 모두 오늘의 저잣거리에서 반복된다.

그러므로 저잣거리는 끝나지 않는다. 그것은 인간이 모이는 한, 인간이 말하는 한, 영원히 열려 있는 무대다.

나는 광대의 북소리와 함께 이렇게 맺는다.

"저잣거리는 우리의 거울이다. 우리가 웃을 수 있는 한, 저잣거리는 내일도 살아남는다."